제대로 풀어본 주기도문

하늘에 닿는 기도

강학종 지음

베드로서원

하늘에 닿는 기도

초판 1쇄 발행   2000. 09. 25.
　 2쇄 발행   2019. 06. 10.

지은이   강학종
펴낸이   방주석
펴낸곳   베드로서원
주 소   10252 경기도 고양시 일산동구 고봉로 776-92
전 화   031-976-8970
팩 스   031-976-8971
이메일   peterhouse@daum.net
창립일   1988년 6월 3일
등 록   (제59호) 2010년 1월 18일

ISBN   978-89-7419-105-4 03230
책값은 뒤표지에 있습니다.

베드로서원은 말씀과 성령 안에서 기도로 시작하며
영혼이 풍요로워지는 책을 만드는 데 힘쓰고 있으며,
문서선교 사역의 현장에서 세계화의 비전을 넓혀가겠습니다.

나의 힘이신 여호와여 내가 주를 사랑하나이다(시 18:1)

머리말

　주님께서는 우리에게 기도를 가르쳐 주셨습니다. 그러면 우리에게 기도를 가르쳐 주신 그 주님께서 우리가 어떤 내용으로 기도하기를 바라실지는 자명합니다. 그런데 우리는 주님께서 가르쳐 주신 기도에는 아랑곳하지 않고 우리 마음대로 기도합니다. 아직 주기도문도 제대로 외우지 못하는 초신자가 갖고 있는 기도 제목이나 주기도문을 줄줄 외우는 기성 교인들이 갖고 있는 기도 제목이나 별 차이가 없습니다. 주님께서 친히 기도를 가르쳐 주셨음에도 불구하고 우리는 아무도 기도를 배우고 있지 않다는 단적인 증거입니다. 왜냐하면 모든 사람들이 자기들 나름대로의 기도를 알고 있기 때문입니다. "기도"는 우리 기독교에만 있는 것이 아니라 어느 종교에나 공통적으로 있는 종교 행위입니다. 물과 성령으로 거듭나지 않은 사람이라도 자신의 본성적인 종교심에 근거해서 얼마든지 기도할 수 있습니다.

　누가 가르쳐 주지 않아도 본래적인 욕구에 의해서 얼마든지 기도할 수 있는 우리들을 모아놓고 주님께서 특별히 기도를 가르쳐 주셨다는 사실은 우리에게 시사하는 바가 있습니다. 주님께서는 우리의 기도가 우리의 자연스런 욕구에서 우러나오는 것이 아니라 주님의 뜻에 맞춰서 다듬어지기를 바라신다는 뜻입니다. 비록 우리는 땅에 속하여 살지라도 우리의 기도는 땅에 매어있는 것이 아니라 하늘에 연결되기를 바라십니다. "기도"라는 종교 행위를 동원해서 자기의 세속적인 욕망이 신령한 방법으로 이루어지기를 바랄 것이 아니라 주님께서 육신으로 이 세상에 계셨을 적에 친히 구하셨을 만한 것들을 우리 역시 구하여야 합니다. 그런 의미에서 주기도문은 단지 암송을 위한 것이 아니라 우리가 마땅히 간구해야 할 기도의 내용이고 지향하여야 할 푯대입니다.

그런데 교인들이 기도하는 것을 보면 다분히 인본적이고 무속적입니다. 형식으로서의 "열심"은 있는데 그 열심 안에 마땅히 들어 있어야 할 "내용"은 없습니다. "무엇을" 기도하는지에 대해서는 별로 관심이 없고 "어떻게" 기도하는지에만 신경을 곤두세웁니다. 새벽같이 일어나서 기도를 하기도 하고 밤을 새워서 기도하기도 합니다. 경우에 따라서는 밥도 안 먹고 기도하는 사람도 있습니다.

물론 기도는 간절해야 합니다. 새벽기도나 철야기도, 금식기도가 필요 없다는 얘기는 결코 아닙니다. 자기의 기도에 대해서 "이만하면 됐다"고 말할 수 있는 사람은 아무도 없습니다. 할 수만 있으면 지금보다 훨씬 더 열심히 땀방울이 핏방울이 되도록 밤을 낮 삼아 기도해야 하고 밥 먹을 겨를도 없이 기도해야 합니다. 하지만 여기에는 한 가지 조심해야 할 사실이 있습니다.

누군가가 열왕기상 18장에 있는 내용을 얘기하면서, 엘리야가 갈멜

산에서 간절히 기도했더니 하나님께서 불로써 응답하셨던 것처럼 우리도 하나님께서 응답하실 때까지 간절하게 기도하자고 말하는 것을 들은 적이 있습니다. 백 번 지당한 얘기 같지만 유감스럽게도 말도 안 되는 얘기입니다. 만일 그렇다면 바알 선지자와 아세라 선지자는 간절하게 기도하지 않아서 응답을 받지 못한 것이 되기 때문입니다. 그때 바알 선지자 450명과 아세라 선지자 400명은 자기들의 몸에서 피가 흐르도록 기도했습니다. 적어도 "간절함"이라는 관점에서 보면 그들도 결코 엘리야에 못지 않았습니다. 하지만 그들에게는 기도를 들어 줄 대상이 없었습니다. 기도는 물론 간절해야 하지만 그에 앞서 "하나님"에게 초점이 있어야 합니다.

하다못해 부모가 자식에게 용돈을 주는 경우에도 "용돈을 구하는 태도"보다 "용돈의 용도"가 훨씬 더 중요합니다. 부모의 관심은 돈에 있는 것이 아니라 언제나 그 돈을 받아가는 자식에게 있습니다. 하지만 철없는 아이들은 이것을 모릅니다. 그들의 관심은 "어떻게 하면 용돈을 받아내느냐" 하는 것에만 있습니다. 그래서 경우에 따라서는 거짓말을 하기도 하고 심통을 부리기도 합니다. 무슨 수를 쓰든지 간에 용돈을 받아내기만 하면 됩니다. 용돈으로 인하여 주머니가 두둑해지는 것만 알고 용돈을 매개로 하여 자기가 철이 들어야 하는 것은 모르기 때문입니다.

그런데 문제는 그런 식의 사고가 천국 백성이 된 다음에도 여전히 남아있는 것입니다. 전부 다 "하늘 보좌를 움직이는 기도"를 하려고 합니다. 마치 기도를 사이에 놓고 하나님과 싸움을 하는 것 같습니다. 하나님이 본래는 기도를 들어 줄 마음이 없었는데 자기의 끈질긴 기도를 버티다 못하여 결국 두 손 들게 만드는 것이 잘하는 기도인 줄 압니다. 하나님과 자기가 같은 편이라는 의식을 도무지 찾아볼 수 없습니다.

각설하고, 주님께서 친히 우리에게 기도를 가르쳐 주셨습니다. 우리가 자의적으로 하는 기도는 주님 보시기에 함량 미달이라는 뜻입니다. 주님께서 가르쳐 주신 기도를 기준으로 우리의 기도를 고쳐야 합니다. 우리 마음의 소원을 바꾸어야 하고 무엇보다도 그런 기도를 드릴 만한 사람이 되어야 합니다.

그런데 아이러니 하게도 우리와 우리 입에서 나오는 주기도문이 따로 놉니다. 기도는 우리에게서 분리된 것이 아니라 우리 안에서 녹아 나오는 것이라야 하는데 전혀 그렇지 못합니다. 우리의 입에서 나오는 주기도문은 자기의 생각을 언어로 표현한 것이 아니라 단지 숙지하고 있는 내용을 입으로 웅얼거리는 것에 불과합니다.

"안녕하세요"라고 말하는 앵무새를 가리켜서 "인사성이 밝다"고 하는 사람은 없습니다. 왜냐하면 그것은 앵무새가 인사를 하는 것이 아니라 단지 자기가 훈련받은 대로 소리를 내는 것에 불과하기 때문입니다. 그런데 우리가 하는 주기도문이 바로 그렇더라는 말씀입니다.

여기에 실린 내용은 지난 1998년에 청년회 수련회를 인도하면서 강해했던 내용들입니다. 무엇보다도 주기도문을 그저 암송만 하는 것이 아니라 주기도문으로 기도를 하게 하고 싶었습니다. 모름지기 주기도문으로 하여금 진정 주기도문이 되게 하고 싶었습니다. 외우고 있는 구구단으로 시험만 보고 마는 것이 아니라 수퍼에서 물건을 살 때도 쓰는 것처럼, 외우고 있는 주기도문으로 예배 시간에 암송만 하고 마는 것이 아니라 실제로 기도를 하게 하고 싶었습니다.

물론 제가 이해하고 있는 내용이 주기도문의 모든 것이라고는 전혀 생각하지 않습니다. 제가 이해하고 있는 부분은 전체의 어느 만큼이라고 표현할 수도 없을 정도로 미미한 분량에 지나지 않습니다. 그나마 다행인 것은 2년 전에 설교했던 내용을 정리하다 보니 그 사이에 군데군데 아쉬운 부분이 보이더라는 사실입니다. 굳이 욕심을 부린다면 성경에 대한 저의 이해가 더욱 깊어져서 수년 내에 주기도문을 다시 한 번 더 강해해 보고 싶습니다.

비록 적은 분량의 책이지만 이 책이 나오기까지에는 많은 분의 도움이 있었습니다. 녹음되어 있던 내용을 몇 번이고 반복해서 들으면서 일일이 글로 풀어서 정리하고, 구어체로 기록된 것을 문어체로 고치고, 다시 문장을 다듬고 교정을 보느라고 몇 사람의 손길을 거쳤습니다. 그런 수고를 아끼지 않은 저의 절친한 친구 송인도 목사님의 목회 사역에 하나님의 은총이 있기를 바랍니다. 처제 이은경에게도 고마움의 뜻을 전하며 또한 사랑하는 제자 홍유표 군, 김수진 양, 김난영 양에게도 같은 뜻을 전합니다. 아울러 이 책의 출판을 위해 애쓰신 한영진 장로님과 베드로서원 가족들에게도 깊은 감사를 느낍니다.

이 책을 읽는 사람들에게 어떤 모양으로든지 유익한 자극이 있기를 바라는 마음으로 두 손을 모읍니다.

2000년 강학종 목사

목차

머리말

서문

그러므로 너희는 이렇게 기도하라 … 17

하늘에 계신 우리 아버지여 … 29

이름이 거룩히 여김을 받으시오며 … 47

나라이 임하오시며 … 61

뜻이 하늘에서 이룬 것같이 땅에서도 이루어지이다 … 73

오늘날 우리에게 일용할 양식을 주옵시고 … 95

우리가 우리에게 죄지은 자를 사하여 준 것같이
우리 죄를 사하여 주옵시고 … 119

우리를 시험에 들게 하지 마옵시고 다만 악에서 구하옵소서 … 139

대개 나라와 권세와 영광이 아버지께 영원히 있사옵나이다 아멘 … 163

하늘에 닿는 기도

서문

여러분들은 이제 예수를 믿은 지 얼마나 되었는지 모르겠습니다. 하지만 아직까지 기도하면서 한 번도 울어 보지 않은 사람은 없을 것입니다. 교회에 등록한 지 이제야 겨우 일주일 지난 사람은 물론 그런 경험이 없겠습니다만 어느 정도 교회에 다닌 연륜이 있는 사람이라면 현재 그 사람의 신앙 수준에 관계없이 간절한 마음으로 울면서 기도를 했던 경험이 누구에게나 다 있을 것입니다. 마찬가지로 찬송을 부르면서 울어 보지 않은 사람도 아마 없을 것입니다.

그러면 혹시 주기도문을 외우면서 울어 본 적이 있습니까? 기도하면서 울어 본 경험은 누구에게나 있는 흔한 경험입니다. 자기의 설움이 복받쳤을 수도 있고 자신의 죄가 안타까웠을 수도 있습니다. 혹은 자기의 부족한 모습이 주님께 너무 죄송스럽거나 주님께서 자기를 사랑하신다는 사실이 감격스러워서 울 수도 있습니다. 찬송가를 부르면서도 마찬가지입니다.

그런데 사람이 하는 평범한 기도가 아니라 주님께서 우리에게 친히 가르쳐 주신 주기도문으로 기도하면서 울어 본 사람은 거의 없습니다. 참으로 이상한 일입니다.

주기도문은 분명히 기도 중의 기도입니다. 인간의 지혜에서 나온 미사여구의 나열이 아닙니다. 그런데 우리에게 아무런 감동도 주지 못합니다. 더 정확히 말씀드리면 우리가 거기서 어떠한 감동도 받기를 거부합니다. 왜냐하면 너무 일상적으로 반복되어서 그렇습니다. 너무 자주 반복되다 보니까 그 중요성이 퇴색되어 버린 것입니다.

제가 어렸을 적에는 자장면을 언제 먹었는지 그 날짜를 기억할 수 있었습니다. 그때 먹은 자장면은 세상에서 가장 맛있는 음식이었습니다. 그래서 그것을 먹은 날은 달력에 표시를 할 만큼 특별한 날이었습니다. 하지만 어른이 된 지금은 그렇지 않습니다. 자장면이 그다지 별미도 아닐 뿐더러 그런 것을 기억할 만큼 한가하지도 않습니다.

주기도문이 바로 그렇습니다. 주님께서 친히 가르쳐 주신 주기도문이 오늘날에 이르러서는 목사님이 안 계셔서 축도를 할 사람이 없을 때 축도 순서를 대신하는 정도로 밖에 자리 매김이 되어 있지 않습니다. 어떻게 된 영문인지 목사가 하는 축도보다 주님께서 친히 말씀하신 주기도문이 오히려 격이 낮다는 착각이 들 만한 일을 교회가 범하고 있습니다.

실현 가능성은 전혀 없는 애기입니다만 주기도문을 예배 때마다 외우게 하지 말고 분기에 한 번씩만 외울 수 있도록 규제를 했으면 좋겠습니다. 아주 특별한 날에만 주기도문을 외울 수 있게 해서 주기도문이 얼마 만큼 귀한 기도인지를 알게 했으면 좋겠습니다. "다음 주일은 주기도문을 외울 수 있는 주일이다" 하고 주기도문을 외우기 전에 금식 기도를 하든지 작정 기도를 하든지 미리 마음의 준비를 하고 있다가 "하늘에 계신 우리 아버지여…" 한 마디 하고는 눈물이 왈칵 쏟아져서 더 이상 기도를 이을 수 없을 정도가 되었으면 좋겠다는 생각을 예전부터 했었습니다. 기회만 주어진다면 주기도문의 중요성 만큼은 꼭 목청껏 외쳐 보고 싶은데, 그 주기도문은 마태복음 6:9~13절에 있습니다.

그러므로 너희는 이렇게 기도하라

우리는 주기도문을 외울 때 무작정 "하늘에 계신 우리 아버지여 이름이 거룩히 여김을 받으시오며…" 하고 줄줄 외웁니다만, 그 앞에 "그러므로 너희는 이렇게 기도하라"는 말이 먼저 있습니다. 주기도문을 가르쳐 주시면서 주님은 먼저 우리에게 "이렇게 기도하라"고 말씀하셨습니다. "이걸 외우고 예배를 마쳐라"거나 "이런 주문을 외우라"가 아닙니다. 주기도문은 분명한 기도입니다.

여러분은 어떤 기도 제목을 갖고 있습니까? 일단 수험생 같으면 대학 입학을 위해서 기도할 것입니다. 어머니가 병상에 오래 누워 계신 경우라면 어머니의 건강을 위해서 기도할 것입니다. 선교사로 나갈 비전을 품고 있는 사람이라면 자신의 사역을 위해서 기도할 것입니다. 이처럼 사람들은 언제나 자기 마음의 소원을 놓고 기도합니다.

주기도문이 바로 그렇습니다. "그러므로 너희는 이렇게 기도하라"는 말을 다른 말로 바꾸면 "그러므로 너희는 이러저러한 마음의 소원을 가져라"는 뜻이 됩니다.

　어떤 수험생이 대학 합격을 놓고 기도한다고 가정하십시다. 그 수험생은 자기가 원하는 대학에 들어가는 것이 소원입니다. 그러면 그 수험생은 그 소원을 이루기 위해서 다른 것은 아무것도 안하고 오로지 기도만 하느냐 하면 그렇지 않습니다. 그 수험생의 기도 제목이 절실하면 절실할수록 그 기도 제목은 그의 하루 일과에 그대로 반영될 것입니다. 일단 만사 제치고 열심히 공부를 할 것입니다. 어쩌다가 게으름을 피웠다고 해도, "내가 이러면 안 되는데…" 하는 자책이 있게 마련입니다.

　그러니까 주기도문을 시작하면서 "이렇게 기도하라"는 얘기는 일단 "이런 마음의 소원을 가져라"는 뜻이고, 또 그 얘기는 "이렇게 살려고 노력하라"는 뜻입니다. 그리고 그 얘기는 "나를 본받아라"는 얘기입니다. 왜냐하면 우리 주님께서 주기도문의 삶을 사셨기 때문입니다.

　일반적으로 사람들은 자신에게 있어서 가장 중요한 것이 무엇인지를 제대로 모릅니다. 철이 없을 적에는 바지 통과 바지 길이를 어떻게 하고 또 머리 염색은 어떻게 할 것인지가 아주 심각한 문제가 됩니다. 외출을 할 것인지 말 것인지 여부가 거기서 결정됩니다. 하지만 부모의 관심은 그렇지 않습니다. 애가 고2가 되고, 고3이 되면 그런 잡다한 문제에는 신경을 끊고 오로지 공부에만 신경 쓰기를 바랍니다. 그리고 이 둘 중에 어느 쪽이 더 나은 관심인지 우리는 다 압니다.

　기도도 그렇습니다. 우리가 어떤 것을 소원해야 할지를 우리 자신이 모릅니다. 어떤 것을 소원하는 것이 우리에게 가장 복된 것인지를 모르니까 주님께서 그것을 직접 가르쳐 주셨는데, 그것이 주기도문입니다.

각설하고, 처음에 "이렇게 기도하라"는 말로 주기도문이 시작되었습니다. 이 말의 의미에는 아무런 손상도 가지 않게 하면서 본래의 의미를 더 구체적으로 나타내려면 이 말 앞에 어떤 말을 덧붙일 수 있겠습니까?

예를 들어 어떤 사람에게 볼링을 가르치면서 "이렇게 해봐"라고 얘기했다면, 그 앞에 어떤 말이 있었겠습니까? "이렇게 해봐"라는 말 앞에는 "그렇게 하지 말고…"가 가장 잘 어울립니다. "그렇게 하지 말고 이렇게 해봐"를 줄인 말이 "이렇게 해봐"입니다.

마찬가지로 "그러므로 너희는 이렇게 기도하라"는 말도 그 앞에 "그렇게 기도하지 말고"라는 말을 넣어서 생각할 수 있습니다. 결국 이 말씀은 "너희는 그렇게 기도하지 말고 이렇게 기도하라"는 뜻이 되는데, 이러한 주장에 논리적인 모순이 없으려면 "어떻게 기도하면 안 되는지"에 대한 설명이 선행되어야 합니다.

"또 너희가 기도할 때에 외식하는 자와 같이 되지 말라 저희는 사람에게 보이려고 회당과 큰 거리 어귀에 서서 기도하기를 좋아하느니라 내가 진실로 너희에게 이르노니 저희는 자기 상을 이미 받았느니라 너는 기도할 때에 네 골방에 들어가 문을 닫고 은밀한 중에 계신 네 아버지께 기도하라 은밀한 중에 보시는 네 아버지께서 갚으시리라 또 기도할 때에 이방인과 같이 중언부언하지 말라 저희는 말을 많이 하여야 들으실 줄 생각하느니라 그러므로 저희를 본받지 말라 구하기 전에 너희에게 있어야 할 것을 하나님 너희 아버지께서 아시느니라"(마 6:5~8)

어떻게 기도하면 안 되느냐 하면, 우선 외식하면 안 되고 그 다음에 중언부언하면 안 됩니다. 결국 "이렇게 기도하라"는 얘기는 "외식하는 기도나 중언부언하는 기도를 하지 말고 이렇게 기도하라"는 얘기입니다. 외식하거나 중언부언하는 것이 예수님을 제대로 만나지 못한 사람들이 범하는 대표적인 실수입니다.

본문에 따르면 일단 외식하는 기도는 바리새인들이 즐겨한다고 했습니다. 바리새인들이 이런 실수를 했다는 사실을 지금 우리에게로 옮기면 어떻게 되겠습니까? 신자는 신자인 것 같은데 뭔가 잘못된 사람들이 이런 기도를 한다는 얘기입니다. 또 중언부언하는 기도는 이방인들의 기도라고 했습니다. 예수님을 모르는 사람들이 하는 기도라는 뜻입니다.

외식하는 기도의 단적인 예를 들어보겠습니다. 기도할 때 떨린다는 사람이 있는데, 그 경우가 바로 그렇습니다. 기도를 하는데 대체 왜 떨리겠습니까? 하나님께 드리는 기도라면 떨릴 이유가 없습니다. 그런데 관심이 하나님이 아닌 사람에게 있으니까 떨린다는 얘기가 나오는 것입니다. 자기가 얼마나 유창하게 기도하는 사람인지를 자기의 기도를 듣는 모든 교인들에게 증명해 보이고 싶은 것입니다. 자기의 기도 문맥이 얼마 만큼 매끄러운지를 교인들이 채점하고 있다는 생각을 하고 있으니 당연히 떨릴 수밖에 없습니다.

특히 예배 때 기도 순서를 맡은 사람이 지나치게 길게 기도하는 경우가 있습니다. 잘못된 기도의 대표적인 예입니다. 물론 혼자서 기도할 때는 길게 해도 상관없습니다. 한 시간이건 두 시간이건 얼마든지 좋습니다. 하지만 예배 때의 대표기도는 말 그대로 예배기도입니다. 예배를 위한 기도여야 합니다. 일률적인 기준은 없지만 대략 3분을 초과하지 않는 것이 좋습니다. 예배 때의 기도가 5분을 넘어가면 사람들이 같은 마음으로 기도를 하는 것이 아니라 지루함을 느끼게 됩니다. 그리고 누군가가 지루하게 생각한다는 얘기는 비록 자기는 간절한 마음으로 기도하고 있을지 몰라도 자기의 간절함이 누군가의 예배를 방해하고 있다는 애기입니다.

더 말씀드리면 식사기도를 길게 하는 사람은 정말 꼴불견입니다. 밥한 그릇 앞에 놓고 "높고 높은 보좌 위에 앉으시사 낮고 천한 우리 인간을 보살펴 주시는 창조주 아버지 하나님"은 대체 왜 찾습니까? 그냥 "감사히 먹겠습니다" 하고 국 식기 전에 먹으면 됩니다. 그런데 왜 그런 거창한 기도가 나오느냐 하면 평소에 기도를 하지 않아서 그렇습니다. 평소에는 전혀 기도를 하지 않다가 모처럼 기도를 시키니까 자기가 아는 모든 기도 용어가 한꺼번에 총동원된 것입니다.

죄송스런 말씀입니다만 실제로 교인들이 기도하는 것을 들으면 참 기도들을 못하신다는 생각이 절로 듭니다. 문장이 매끄럽지 않다거나 신령스런 이미지를 풍기는 용어가 적게 나오거나 말을 더듬어서 그렇다는 것이 아니라 자기가 무슨 기도를 해야 하는지를 모르고 있어서 그렇습니다.

우리가 일상적으로 드리는 예배에 기도 순서가 몇 차례나 들어갑니까? 우선 처음에 하는 예배 기원기도가 있습니다. 그 다음에 예배 중에 하는 대표기도가 있고, 설교기도와 헌금기도가 있습니다.

맨 처음에 하는 기도는 말 그대로 기원기도입니다. "하나님, 저희들이 이제 예배를 드립니다. 이 예배를 받아 주십시오." 하는 것이 기원기도의 내용입니다. 특별히 길어야 할 이유가 없을 뿐더러 길면 오히려 공해입니다. 기원기도를 하면서 죄를 회개하고 설교에 은혜 받게 해달라고 간구하고, 설교자를 위한 기도를 하고, 미참한 발걸음을 재촉하는 기도를 하면 대표기도를 할 내용이 없어지게 됩니다. 예배를 위한 기도 순서가 뒤에 있으니까 기원기도에서는 단지 하나님께 예배를 받아주십사 하고 아뢰는 기도를 하면 그것으로 족합니다.

헌금기도도 그렇습니다. 말 그대로 헌금기도입니다. 봉헌된 물질을 하나님께서 친히 흠향하여 주십사는 기도를 드리고 또 우리가 물질만 드리는 것이 아니라 삶을 같이 드릴 수 있게 해달라고 기도하면 됩니다.

그런데 교인들이 하는 기도를 보면 예배 시작할 때의 기원기도나 예배기도나 헌금기도가 전혀 구분이 되지 않습니다. 심지어는 식사기도까지도 기도에 동원되는 문장이 언제나 일정합니다. 자기가 하는 기도 용어가 언제나 고정되어 있습니다. 그러다 보니 어쩌다 첫돌 감사예배나 장례예배 때 기도를 하라고 하면 평생을 교회에서 보내신 장로님들 중에도 쩔쩔매는 분이 적지 않습니다.

본문에서 "그러므로 너희는 이렇게 기도하라"고 했습니다. 예수님께서 기도를 가르쳐 주고 계십니다. 예수님께서 기도를 가르쳐 주셨다는 얘기는 결국 우리가 기도를 배워야 한다는 뜻입니다.

앞에서 제가 열거한 오류들이 나타나는 이유가 여기에 있습니다. 기도를 배운 적이 없습니다. 어떻게 기도를 해야 잘하는 기도인지에 대해서 궁금하게 여겨 본 적도 없습니다. 순전히 들은 풍월로 기도를 하다

보니까 자기만의 기도 레파토리가 따로 고정되어 있습니다. 그렇게 고정된 기도 내용을 매끄럽게 줄줄 외면 그것이 잘하는 기도인 줄로 착각합니다.

또 중언부언하는 기도는 불신자들이 범하는 오류입니다. "기도"라는 용어를 쓰기는 했지만 우리가 하는 기도와는 구분되어야 합니다. 중언부언이라고 하면 말에 조리가 없이 같은 말을 계속 반복하는 것이라고 생각하기 쉬운데 그런 뜻이 아닙니다. 대표적인 모습이 "비나이다 비나이다"입니다. 큰 바위나 고목에서 정한수를 떠놓고 치성을 드리는 것이 중언부언의 단적인 예입니다. 기도를 듣는 대상이 꼭 하나님이어야 하는 것은 아닙니다. 자신의 지극한 정성으로 누군가를 감복시키면 됩니다. 산신령이든 용왕이든 아무라도 좋으니까 자신의 지극한 정성에 동천지감귀신(動天地感鬼神)하여 떡두꺼비같은 아들 하나만 점지해 달라는 것이 중언부언하는 기도입니다. 정확하게 말씀드리면, 이것은 기도의 형태는 취했을지 몰라도 기도가 아닙니다.

그런데 이와 유사한 착각을 교회에서도 합니다. 우리가 열심히 기도를 하면 하나님께서 원래는 그런 기도를 들어 줄 마음이 없었지만 우리의 지극한 정성에 감복해서 하나님도 결국 마음을 바꾸는 것으로 오해를 합니다. 그래서 기도의 내용에는 전혀 신경을 안 쓰고 그저 얼마 만큼 간절하게 기도했는지만 따집니다. 걸핏하면 밥 안 먹고 잠을 안 자면서 하나님께 떼를 써서 하나님을 설득하려고 합니다.

혹시 하나님과 우리의 아이큐가 비슷하다면 그럴 수도 있겠습니다만 우리 하나님은 그런 분이 아닙니다. 일단 우리 하나님은 전지전능하신 분입니다. 그런 하나님께서 들어줄까 말까를 고민해서 결정한다는 것도 우습고, 이랬다저랬다 변덕을 부린다는 것도 상상하기 어렵습니다.

우리가 기도를 한다는 얘기는 하나님의 마음에 동참한다는 얘기입니다. 하나님을 설득하거나 떼를 써서 하나님의 마음을 바꾸는 것이 아닙니다.

깡패 두목이나 해결사를 찾아가서 부탁하는 내용과 관공서에서 정상적으로 제기하는 민원의 내용은 서로 다를 것이 자명합니다. 우리의 기도도 그래야 합니다. 돌이나 나무, 산신령에게 치성을 드리던 내용을 그대로 들고 와서 아뢰는 대상만 하나님으로 바꾸는 것이 기도일 수는 없습니다.

물론 우리의 일상사가 전부 하나님과 연결되어 있음을 고백하는 의미로 그런 기도가 나올 수는 있습니다. 하지만 하나님의 뜻이나 섭리와는 전혀 상관없이 무조건 자기의 욕심을 이루는 것에만 관심이 있는 것은 곤란하다는 말씀입니다. 기도가 하나님께 드려지는 것이라면 그 내용도 당연히 하나님께서 받으실 만한 것이 되어야 합니다.

다시 본문으로 돌아갑니다. "그러므로 너희는 이렇게 기도하라"고 했습니다. 주님께서 우리에게 기도하라는 말씀을 하셨습니다. 그러면 우리에게는 기도할 자격이 있습니다. 또 "이렇게 기도하라"는 말 속에는 "내가 응답하겠다"는 약속도 포함되어 있습니다. 응답도 준비하지 않고서 무작정 기도부터 하라는 것은 앞뒤가 맞지 않습니다.

"야, 나한테 말만 해!"라고 하면, 이 얘기가 무슨 뜻입니까? 말만 하면 언제든지 들어주겠다는 자기의 의사 표현입니다. "이렇게 기도하라"는 얘기도 그렇습니다. 이렇게 기도하기만 하면 하나님께서는 들어주실 의향이 있으십니다. 그래서 그 의향에 우리 뜻을 맞추게 하기 위해서 우리에게 기도를 말씀하고 계신 것입니다.

이런 사실을 염두에 둔다면 기도를 할 수 있다는 사실 자체가 우리에게는 충분히 복된 것입니다. 피조물인 우리가 창조주이신 하나님을 감히 아버지라고 부를 수 있을 만큼 복된 것입니다.

예수님께서 주기도문을 그 당시 모든 사람에게 가르쳐 주신 것이 아닙니다. 오병이어 기적을 행하실 적에 스무 살 넘은 남자만도 오천 명이 있었으니까 여자와 아이들을 합하면 대략 이만 명은 되었을 텐데, 그렇게 많은 인파를 모아 놓고 이 기도를 가르치신 것이 아니라 예수님의 제자들에게만 가르쳐 주셨습니다. 결국 이 기도는 예수님께 일생을 헌신하기로 작정한 사람들만 드릴 자격이 있습니다. 아무나 드릴 수 있는 기도가 아닙니다.

어차피 우리 주님도 모든 사람이 이런 기도를 할 것이라는 기대는 하지 않으십니다. 오직 우리에게만 해당되는 얘기입니다. 오직 우리에게만 해당된다는 얘기는 다른 사람이 어떻게 하든지 간에 거기에 대해서는 신경 쓸 일이 아니라는 뜻입니다. 우리만 잘하면 됩니다.

"하늘에 계신 우리 아버지여
이름이 거룩히 여김을 받으시오며
나라이 임하옵시며
뜻이 하늘에서 이룬 것같이 땅에서도 이루어지이다

오늘날 우리에게 일용할 양식을 주옵시고
우리가 우리에게 죄지은 자를 사하여 준 것같이 우리 죄를 사하여 주옵시고
우리를 시험에 들게 하지 마옵시고 다만 악에서 구하옵소서
대개 나라와 권세와 영광이 아버지께 영원히 있사옵나이다
아멘"

한 구절 한 구절 살펴보면 우리 예수님의 생애가 그대로 나타나 있습니다. 예수님은 하나님의 거룩한 이름을 위하여 이 땅에 오셨습니다. 또 하나님의 거룩한 이름을 위하여 기꺼이 십자가를 지셨고, 하나님의 나라가 임하도록 사시다가 하나님의 뜻이 이루어지게 하기 위하여 기꺼이 죽으셨습니다. 친히 그 몸으로 직접 우리의 생명 양식이 되셨고, 우리의 죄를 사해 주시려 그 몸을 기꺼이 화목제물로 드리시고, 십자가의 죽음으로 모든 시험을 이기시고 악을 물리치셨습니다.

그러니까 주기도문으로 기도를 드리려면 이런 예수님의 생애와 삶을 본받고자 하는 마음의 결단과 각오가 있어야 합니다.

우선 주기도문은 '하나님에 대한 부분'과 '우리에게 대한 부분'으로 나눌 수 있습니다. "하늘에 계신 우리 아버지여 이름이 거룩히 여김을 받으시오며 나라이 임하옵시며 뜻이 하늘에서 이룬 것같이 땅에서도 이루어지이다"까지가 하나님에 대한 부분이고, "오늘날 우리에게 일용할 양식을 주옵시고 우리가 우리에게 죄지은 자를 사하여 준 것같이 우리 죄를 사하여 주옵시고 우리를 시험에 들게 하지 마옵시고 다만 악에

서 구하옵소서"가 우리에게 대한 부분입니다.

　이러한 순서에서 알 수 있듯이 기도의 우선 순위는 우리의 문제가 아니고 하나님께 속한 것입니다. 우리의 관심도 언제나 이 순서를 지킬 수 있어야 합니다. 일단 하나님이 우선입니다. 기도라는 형식을 통하여 하나님께 무엇을 구하기 이전에 먼저 자기가 하나님의 면전에 있음을 인식해야 합니다. 우리에게 제아무리 다급한 소원이 있다고 해도 이것보다 급할 수는 없습니다. 우리의 처지, 형편, 필요는 물론이고 심지어는 주님 보시기에 합당한 주님의 일을 이루기 위한 마음의 소원이 있다고 해도 그것이 기도에 있어서의 일순위는 아닙니다.

　영어로 보면 그 뜻이 더 잘 나타납니다. 주기도문을 영어로 보면, "Our Father, which art in heaven, Hallowed be Thy name, Thy kingdom come, Thy will be done in earth,…"라고 되어 있습니다. 여기에 자주 반복되는 Thy는 2인칭 소유격을 나타내는 your의 옛말로 하나님을 의미합니다. 결국 이 내용이 전부 다 하나님에 대한 기도임을 알 수 있습니다.

* Hallowed be Thy name (당신의 이름이 거룩히 여겨져야 합니다.)
* Thy kingdom come (당신의 나라가 임하여야 합니다.)
* Thy will be done in earth (당신의 뜻이 땅에서 이루어져야 합니다.)

　이처럼 주된 관심사가 언제나 하나님입니다. 또 세심하게 보면 모든 표현이 수동태임을 알 수 있습니다. 수동태라는 얘기는 뒤에 by 이하가 생략되었다는 뜻이고 생략된 by 이하, 즉 ours(우리)에 의해서 이 모든 일이 이루어져야 한다는 얘기입니다. 이처럼 주기도문에는 우리가 참여하고 감당하여야 할 책임과 역할이 내포되어 있습니다.

이런 흐름으로 하나님에 대한 내용이 나온 다음에 우리들의 문제인 일용할 양식과 사죄의 간청 그리고 시험 극복이 등장합니다.

여기서 일용할 양식은 현재적인 문제입니다. 죄의 용서를 구하는 것은 과거의 문제이고, 시험에 들지 않게 해달라는 간구는 미래에 속한 문제입니다. 이렇게 보면 주기도문은 과거와 현재와 미래가 전부 다 하나님께 속해 있음을 고백하며 아울러 자기 자신을 온전히 하나님께 맡기는 기도입니다.

또 주기도문은 "아버지"로 시작해서 "아버지"로 끝나는 기도입니다. 처음에 "하늘에 계신 우리 아버지여"라고 시작해서 "대개 나라와 권세와 영광이 아버지께 영원히 있사옵나이다"라는 말로 끝났습니다.

또 하나의 특징은 "우리"라는 단어가 상당히 자주 나온다는 사실입니다. 주기도문에서 가장 많이 반복되는 단어가 "우리"입니다.

종합해 보면 주기도문은 나의 필요보다 하나님이 우선이고, 아버지로 시작해서 아버지로 끝나고, 나 개인을 위한 기도가 아니라 우리 공통을 위한 기도라는 것으로 개략적인 윤곽을 잡을 수 있습니다.

하늘에 계신 우리 아버지여

피조물에 불과한 우리가 감히 온 우주 만물의 창조주이신 하나님을 아버지라고 부를 수 있다는 사실만으로도 우리에게는 모든 것이 충분하다는 말씀을 앞에서 잠깐 언급했습니다.

어거스틴이 한 얘기 중에 "하나님을 사랑하라. 그리고 마음대로 하라."는 얘기가 있습니다. 하나님만 사랑하면 나머지는 전부 다 멋대로 해도 된다는 얘기가 아니라 무슨 일을 할 때마다 "이것이 과연 하나님을 사랑하는 원칙에 기인하는가?" 하는 질문을 기준으로 삼아야 한다는 얘기입니다. 진심으로 하나님을 사랑한다면 모든 면이 조심스러울 수밖에 없습니다.

그렇다고 해서 우리가 하나님을 사랑해야 하는 것은 우리에게 일방적으로 주어진 책임이 아닙니다. 하나님이 먼저 우리를 사랑하셨습니다. 우리가 하나님을 사랑하는 사랑은 하나님이 먼저 우리를 사랑하신 사랑에 대한 자연스런 반응입니다.

만화에 보면 집에서 기르는 개가 자기 주인을 부를 때 "형님"이나 "누님", "아저씨"라고 부르지 않고 언제나 "주인님"이라고 부릅니다. 아무리 개를 아끼는 사람이라고 해도 사람과 개 사이에는 넘을 수 없는 간격이 있습니다. 물론 아버지와 아들 사이에도 넘을 수 없는 격차가 있습니다만 그것은 우리 나라 문화에서만 그렇습니다. 히브리 문화에서의 아버지와 아들은 동질성을 나타냅니다. 유대인들이 예수님을 미워한 가장 큰 이유 중의 하나가 하나님을 아버지라고 해서 스스로 하나님과 자기를 동일선상에 놓았기 때문입니다. 그런데 우리가 감히 하나님을 아버지라고 부릅니다.

애완견을 기르는 집에서는 주인 여자를 "개의 엄마"라고 칭하는 경우가 있습니다. 전화를 받는 주인 남자에게 개가 꼬리를 치면서 다가갔을 때 개를 멀리하느라고 "엄마에게 가 있어!" 하면, 개는 그 말을 알아듣고 여자에게로 갑니다. 여자가 엄마면 남자는 아빠가 될 것입니다. 자기들 스스로 개 아비가 되고 개 어미가 된 것입니다. 개를 사랑하는 집에서는 흔히 볼 수 있는 풍경입니다. 개를 사랑하는 마음으로 기꺼이 개의 자리까지 낮아진 것입니다. 그리고 남들이 자기를 개 아빠, 개 엄마로 부르는 사실에 대해서 전혀 불쾌하게 생각하지 않습니다.

하지만 개 아비가 아니라 개자식이라고 부르면 그때는 화를 냅니다. 개 아비나 개자식이나 따지고 보면 개와 동류입니다만 거기에 담겨 있는 뜻에는 뚜렷한 차이가 있기 때문입니다. 자기 스스로 자기를 개 아비라고 부르는 것은 개를 사랑하는 마음으로 개와 동류가 된 것이지만, 누군가가 자기에게 개자식이라고 부르는 것은 일방적으로 자기를 모욕하는 것입니다.

하나님께서 우리에게 "아버지"라는 호칭을 허락하신 것이 그렇습니다. 하나님께서 우리를 아들, 딸로 받아들이십니다. 하나님 입장에서는 엄청나게 낮아지신 것입니다만 하나님께서는 기쁨으로 그 호칭을 즐기십니다. 이 사실은 개를 키우는 집에서 그 주인 아저씨는 개 아빠가 되고, 주인 아주머니는 개 엄마가 되는 것 정도에 비할 바가 아닙니다. 우리와 개는 같은 피조물이지만 하나님과 우리 사이에는 창조주와 피조물이라는 넘지 못할 격차가 있기 때문입니다.

공장에 고용된 종업원은 아무리 열심히 일해도 애초에 계약된 임금밖에 받을 것이 없습니다. 세 끼 밥 먹여 주고 재워 주면 그것도 감지덕지할 일입니다. 몸이 아파도 마음대로 게으름을 부릴 수 없습니다. 하지만 그 집 아들은 그렇지 않습니다. 매일 사고나 치면서 돌아다녀도 나중에 부모의 유산을 상속받습니다. 무슨 일을 어떻게 했느냐 하는 문제에서 차이가 나는 것이 아니라 그 신분에서 이미 차이가 있기 때문입니다. 자식은 종업원과 비교할 수 없을 만큼 고귀한 신분을 타고난 사람입니다. 그런데 하나님께서 우리를 그만큼 고귀한 신분으로 인정해 주시면서 우리 입으로 하나님을 "아버지"라 부르기를 원하십니다.

어린애가 있는 집은 다 그렇습니다. 겨우 옹알이를 하는 애를 붙잡고 "아빠 해봐, 아빠— 아빠—" 하고 계속 말을 시키다가 아이의 입에서 "아부부부" 하고 아빠 비슷한 발음만 나오면 그렇게 좋아할 수가 없습니다. 출근한 남편에게 전화를 걸기도 하고 친정에 전화해서 자랑을 하기도 합니다. 이것이 부모의 마음입니다. 자기 애의 입에서 "아빠"라는 말이 나오는 것이 그렇게 좋을 수가 없습니다.

이처럼 우리 하나님도 우리 입에서 "아버지" 소리가 나오기를 기다리십니다. 갓 첫돌이 지난 어린애 붙잡고 "아빠" 소리가 나오기를 바라는 젊은 부부의 마음 정도가 아니라 훨씬 더 간절한 목마름으로 우리 입술에서 하나님을 향한 "아버지"의 호칭이 나오기를 바라십니다.

우리는 흔히 하나님을 하나님이라고 합니다. 굳이 수식어를 붙이면 "여호와 하나님"이나 "창조주 하나님"이라는 표현을 쓰기도 합니다. 그런데 주기도문에는 "하나님"이라는 호칭이 한 번도 나오지 않습니다. "하나님"이 나올 만한 자리에 전부 다 "아버지"가 나옵니다. 하나님은 하나님임에도 불구하고 우리에게는 아버지이기를 원하십니다.

그래서 주기도문은 하나님을 부르되, "하늘에 계신 우리 아버지여"라고 하나님을 아버지라고 부르는 것으로 시작합니다.

"하늘에 계신 우리 아버지여!"

이 짧은 한마디는 적어도 우리에게 세 가지 사실을 알려 주고 있습니다. 일단 하나님은 아버지이십니다. 또 아버지는 아버지인데 하늘에 계신 아버지입니다. 그리고 하나님은 우리 아버지입니다. 나 한 사람만의 아버지가 아니라 우리 모두의 아버지입니다.

하나님은 하늘에 계신 아버지입니다. 여기서 말하는 하늘은 장소적인 개념이 아닙니다. 만일 장소적인 개념으로 제한하면 하나님은 하늘에만 계시고 땅이나 바다에는 계시지 않은 분이 되는데 그럴 수는 없습니다. 우리가 섬기는 하나님은 무소부재하신 분입니다. 결국 여기서 말하는 "하늘"은 장소가 아니라 능력이나 영광, 권위, 위엄을 땅과 대조

하여 표현하는 단어입니다.

땅의 아버지도 물론 우리를 사랑하십니다. 하지만 사랑의 규모가 다릅니다. 땅의 아버지는 온전하지 못하지만 하늘 아버지는 온전하십니다. 하물며 능력은 비교할 바가 아닙니다. 무엇보다도 영원성에서 차이가 납니다.

사랑만 있고 능력이 없는 것은 참 골치 아픈 일입니다. 배가 고플 때 같이 굶는 것이 사랑의 표현입니다. 반대로 능력은 있는데 사랑이 없는 것도 문제입니다. 배고프다고 칭얼거렸다가는 따귀를 얻어맞을 것입니다. 그런데 우리 하나님은 어느 한 쪽에만 있는 분이 아닙니다. 우리를 위해 아들을 주실 만큼 우리를 사랑하시고 또 그 아들을 다시 살리실 만큼 능력도 있으십니다.

제 딸이 네 살 때 일입니다. 엄마 신발을 신고 계단에서 놀다가 넘어져서 머리가 깨졌습니다. 머리에서는 피가 흐르고 애는 아프다고 우는데 저는 고작해야 애를 들쳐 안고 뛰는 것 말고는 할 수 있는 일이 없었습니다. 더 있다면 병원까지의 택시비를 낸 것이 전부입니다. 아프다고 우는 애를 안고 있는 아빠의 마음은 찢어질 듯 아팠습니다만 아무런 대책이 없었습니다. 대신 아파줄 수도 없고, 아픔이 사라지게 할 수도 없었습니다. 극명하게 나타나는 땅의 아버지의 한계입니다.

"아브라함이 아침에 일찍이 일어나 떡과 물 한 가죽 부대를 취하여 하갈의 어깨에 메워 주고 그 자식을 이끌고 가게 하매 하갈이 나가서 브엘세바 들에서 방황하더니"(창 21:14)

아브라함이 자기 아들 이스마엘을 내보내는 장면입니다. 아들을 광야로 내보내는 아브라함의 가슴은 무척이나 아팠을 것입니다. 그래서 자기 딴에는 아들을 챙겨준답시고 했는데, 떡과 물 한 가죽 부대가 고작이었답시다. 이것이 육신의 아버지가 해줄 수 있는 전부입니다.

"가죽 부대의 물이 다한지라 그 자식을 떨기나무 아래 두며 가로되 자식의 죽는 것을 참아 보지 못하겠다 하고 살 한 바탕쯤 가서 마주 앉아 바라보며 방성대곡하니"(창 21:15~16)

이번에는 하갈의 이야기입니다. 아브라함은 아버지랍시고 해준 것이 떡과 물 한 가죽 부대뿐이었는데 어머니 하갈은 광야에서 죽게 될 상황에 처한 아들에게 해줄 수 있는 것이 고작해야 마주 앉아서 우는 것이 전부였습니다.

"하나님이 그 아이의 소리를 들으시므로 하나님의 사자가 하늘에서부터 하갈을 불러 가라사대 하갈아 무슨 일이냐 두려워 말라 하나님이 저기 있는 아이의 소리를 들으셨나니 일어나 아이를 일으켜 네 손으로 붙들라 그로 큰 민족을 이루게 하리라 하시니라"(창 21:17~18)

이것이 하나님께서 하신 일입니다. 이스마엘은 언약의 후손이 아닙니다. 그러니 이스마엘에게 있어서 하나님은 아버지가 아니라 단지 하나님입니다. 그런데도 육신의 아버지인 아브라함이나 육신의 어머니인 하갈이 해준 것보다 훨씬 더 많은 것을 해주셨습니다. 아브라함이나 하갈의 재주로는 열 번을 죽었다 깨도 그 아들을 통하여 큰 민족을 이루는 일은 꿈도 못 꿀 일입니다. 땅의 부모와 우리 하늘 아버지 사이에는 영원함과 온전함, 권세와 능력에 있어서 이런 엄청난 격차가 있습니다.

그 다음에 "하늘에 계신 우리 아버지여"에서, "우리"라는 말이 나옵니다. 우리 나라 말로는 이런 부분에 대한 설명이 애매합니다. 가령 "이 분이 제 아버지입니다."를 영어로 하면 "This is my father."입니다. 그런데 "This is my father."를 다시 우리말로 옮기면 "이 사람이 우리 아버지입니다."가 됩니다. 공동체 의식이 강한 민족 성향에 기인한다는 애기를 들은 적이 있습니다만 어쨌든 우리말에는 1인칭 복수의 형태를 갖는 표현이 많습니다. 우리 아버지, 우리 어머니, 우리 집, 우리 애인… 전부 다 그렇습니다. 영어로 하면 our가 아니라 my인데 우리말로는 전부 다 "우리"입니다.

그런데 주기도문에서 말하는 "우리 아버지"는 정말로 "우리 아버지"입니다. 일상적인 표현으로 말하는 "우리 아버지"가 아니라 말 그대로 our Father입니다. 하나님은 공유적인 하나님입니다. 나에게만 아버지가 아니라 우리 모두의 아버지입니다. 하나님이 공유적인 분이라는 애기는, 일단 하나님을 믿는 우리가 비이기적이어야 한다는 말과 연결됩니다. 여러 명이 모여서 식사를 하는데 전부 다 속으로 "하나님, 제가 제일 많이 먹게 해주세요." 하고 기도하면 하나님으로서도 참 난처한 일입니다.

어떤 애가 자기 방에서 열심히 기도를 하고 있습니다. 그 모습을 본

어머니가 흐뭇한 마음으로 아이의 기도를 엿들었는데, 기도 내용이 좀 엉뚱했습니다. "하나님, 미국의 수도가 뉴욕이 되게 해주세요. 하나님, 미국의 수도가 뉴욕이 되게 해주세요." 하고 간절히 기도하는 것이었습니다. 이상하게 생각한 어머니가 그 이유를 물었더니 대답이 가관이었습니다. 학교에서 시험을 봤는데 미국의 수도를 뉴욕이라고 썼다는 것입니다.

물론 우스갯소리입니다만 이런 경우가 같은 맥락입니다. 열심히 기도해서 객관적인 진리를 자기 욕심으로 덮어버리는 것은 기도의 형식은 빌렸을는지 몰라도 본질을 벗어난 기도입니다. 완곡하게 표현하여 기도라고 했지만 냉정하게 말씀드리면 그것은 이미 기도가 아닙니다. 기도는 절대 이기적일 수 없습니다. 하나님은 자기에게만 아버지가 아니라 우리 모두의 아버지이기 때문입니다.

"진실로 다시 너희에게 이르노니 너희 중에 두 사람이 땅에서 합심하여 무엇이든지 구하면 하늘에 계신 내 아버지께서 저희를 위하여 이루게 하시리라 두세 사람이 내 이름으로 모인 곳에는 나도 그들 중에 있느니라"(마 18:19~20)

전에 사역하던 교회에서 있었던 일입니다. 어떤 분에게서 기도 부탁을 받았습니다. 고3 수험생인 딸의 대학 진학을 위해서 기도해 달라면서 집에서도 마태복음 18:19~20절의 말씀을 붙잡고 열심히 기도하고 있다는 것이었습니다. 두 사람이 땅에서 합심하여 기도하면 뭐든지 들어주신다고 했으니까 딸과 함께 둘이서 합심하여 간절히 기도하고 있다는 것이 그분의 말씀이었습니다.

이 경우가 바로 그렇습니다. "두세 사람이 내 이름으로 모인 곳에는 나도 그들 중에 있느니라"고 하셨는데, 왜 굳이 두세 사람이 같이 모여야 합니까? 원래 하나님은 우리가 어디에 가든지 항상 같이 계신 분입니다. 그런 하나님께서 굳이 우리가 혼자 있는 것이 아니라 두세 사람이 같이 모일 것을 요구하고 계십니다.

두 사람이나 세 사람이 같이 모이려면 일단 뜻이 같아야 합니다. 어느 한 쪽이 이기적인 생각을 가지면 안 됩니다. 여러 명이 모여서 식사 기도를 하는데 "하나님, 제가 제일 많이 먹게 해주세요." 하는 기도로는 서로 합심할 수 없는 것처럼 두 사람이 합심할 수 있는 내용이 선행되어야 합니다. 바로 거기에 아버지의 뜻이 있습니다.

또 주기도문에는 "우리"라는 말이 주격으로는 거의 쓰이지 않았습니다. "우리가 우리에게 죄 지은 자를 사하여 준 것같이…" 할 때만 주격으로 나오고 나머지는 전부 다 소유격이나 목적격으로 나옵니다. 주기도문은 우리가 적극적으로 나서서 무엇인가를 하기 위한 기도가 아니라 우리에게서 무엇인가가 이루어지기를 간구하는 기도라는 의미입니다. 우리가 힘을 내서 하나님의 나라를 이루어 드리는 것이 아니라 우리에게서 내부적으로 하나님의 나라가 이루어져야 합니다. 우리가 변화되어야 하고 우리가 바뀌어야 합니다.

구원은 하나님과 일대일의 관계에서 얻습니다. 하나님과 나와의 개별적인 문제입니다. 자기가 어떤 단체에 속해 있다는 이유 때문에 덩달아 구원을 얻는 법은 없습니다. 그렇지만 구원 얻은 다음의 신앙생활은 교회라는 이름으로 모여서 단체로 합니다.

단체로 모여서 신앙생활을 하다보면 불편한 점이 많습니다. 자신의 신앙에 도움이 되는 사람은 몇 없고 순전히 방해가 되는 사람만 꽉 차 있습니다. 우리 주변에도 "저 사람만 없으면 교회 다니는 것이 훨씬 더 재미있겠다." 싶은 사람이 한둘이 아닙니다.

실제로 그런 불평을 여러 번 들었습니다. 교회에만 오면 짜증나게 하는 사람들 때문에 신앙생활을 제대로 못하겠다고 하면서, 차라리 분위기 좋은 교회로 옮기면 마음 상할 일도 없고 훨씬 편안하게 신앙생활을 할 수 있을 것 같다는 얘기를 한두 번 들은 것이 아닙니다.

하지만 이 얘기는 옳은 얘기가 아닙니다. 분위기 좋은 곳에서 평온한 마음을 유지하는 것이 신앙이 아닙니다. 아무도 자기를 건드리는 사람이 없는 곳에서 혼자 거룩한 표정으로 찬송하고 오는 것이 신앙생활이 아니라 짜증날 수밖에 없는 환경에 있으면서 그것을 얼마 만큼 감수하느냐 하는 것이 신앙생활입니다. 하다못해 연애를 해도 늘 즐겁고 행복한 것이 아니라 때로는 삐치기도 하고 다투기도 하는 법입니다. 때로는 소리를 지르기도 하고 자존심 싸움도 하면서 그 모든 과정을 통과해야 비로소 사랑이 결실되는 법인데, 신앙생활을 한다는 이유로 언제나 그윽한 분위기가 보장되어야 한다고 생각한다면 섣부른 단견입니다. 그것은 신앙생활이 아니라 신앙생활이라는 이름을 빌린 종교적인 연출입니다.

공부를 하는 것도 그렇습니다. 정상적인 학력을 지닌 중학생이라면 구구단을 외우는 것은 더 이상 공부가 아닙니다. 구구단을 한 군데도 안 틀리고 자신 있게 외웠다고 해서 따로 실력이 늘지도 않습니다. 적어도 중학생이면 골치가 아플 때 아프더라도 머리 싸매고 일차함수나 이차함수를 공부해야 자기 실력에 보탬이 됩니다. 영어 공부를 해도 그렇습니다. "I am a boy. You are a girl."을 백날 해도 그것으로는 실력이 늘지 않습니다. 보다 어려운 것을 공부해야 합니다.

신앙생활도 마찬가지입니다. 지지고 볶고 자기 몸으로 직접 부대끼면서 그 속에서 인내를 배우고 온유와 겸손을 배워야 합니다. 아무도 없는 산에 가서 혼자 거룩한 마음을 유지하는 것은 누구나 할 수 있습니다. 아무도 없는 곳에서 명상한 거룩을 산 아래로 갖고 와서 실제 생활 가운데서 그것이 나타나게 해야 합니다.

그래서 우리는 신앙생활을 꼭 모여서 합니다. 모이지 않으면 신앙생활이 안 되기 때문입니다. 예를 들면 협동심 같은 것은 혼자 있으면 훈련이 안 되는 덕목입니다. 겸손, 온유, 절제… 모든 것이 그렇습니다. 겸손해야 할 환경, 인내해야 할 환경, 절제해야 할 환경에 먼저 노출되어야 합니다. 아무런 자극도 없는 곳에서 자기 혼자 마음 편한 것이 신앙일 수 없습니다. 먼저 자기에게 그 어떤 자극이 있어야 하고, 그런 자극이 있음에도 불구하고 거기에 정당하게 반응하는 과정을 통해서 신앙이 자라는 것입니다.

그 다음에 "하늘에 계신 우리 아버지여" 하고 하나님을 아버지라고 불렀습니다. 하나님에 대한 인식이 마치 아버지 같은 친근함을 기초로 하고 있는데, 섬기는 신에 대한 친근함은 우리 기독교에만 있는 특성입니다.

하나님 없이 사는 이방인들도 자기들 나름대로의 신을 섬기기는 합니다. 하지만 그들에게 있어서의 신은 친근한 이미지를 풍기는 것이 아니라 언제나 공포의 대상입니다.

사람이 만든 신화 중에 제일 잘된 것이 그리스 신화입니다. 거기에 보면 본래 인간에게는 불이 없었는데 그것을 불쌍히 여긴 프로메테우스가 제우스 몰래 인간들에게 불을 갖다 주었다고 합니다. 그런데 제우스가 그 사실을 알고는 진노해서 프로메테우스를 큰 바위에다 묶어 놓고, 매일 독수리가 와서 프로메테우스의 간을 쪼아먹게 했습니다. 간을 다 쪼아먹으면 그 다음날 새로운 간이 생기고, 그럼 독수리가 와서 또 쪼아먹고, 다음날 다시 간이 생기고… 결국 프로메테우스는 날마다 독수리에게 간을 쪼아 먹히는 고통을 겪어야 했다는 얘기가 그리스 신화에 있습니다.

이런 신화를 만들게 된 사람들의 심리적인 배경이 무엇이겠습니까? 사람들이 생각하는 신은 본래 인간들에게 우호적인 존재가 아닙니다. 인간에게 불이 생기는 것을 싫어해서 불을 준 신을 더 센 신이 처벌하고 있습니다. 이것이 하나님을 모르는 이방인들이 절대자에 대해서 갖고 있는 선입견입니다. 이방인들이 상상하는 절대자는 사람들이 감당 못할 능력은 있는데 성품이 별로 고상하지를 못합니다. 사람들에 대해서 우호적이지도 않습니다.

하지만 우리가 섬기는 하나님은 그렇지 않습니다. 하나님은 그 크신 위엄과 영광, 권능에도 불구하고 우리에게 아버지로 친근하게 다가오기를 원하십니다.

지금은 대통령에게도 "각하"라는 존칭을 붙이지 않는 추세입니다만 얼마 전만 해도 "각하"는 대통령에게만 붙이는 존칭이었습니다. 한때는 군대에서 별만 달아도 "각하"라고 했습니다. 자기가 모시고 있는 상급자에게 잘 보이고 싶어서 최대한 듣기에 달콤한 존칭을 쓰기도 했겠습니다만 그런 존칭을 듣는 사람도 그 존칭이 싫지 않았다는 반증입니다.

사람들은 전부 다 높아지기를 원합니다. 남들보다 높은 자리에 있는 사람들은 호칭에서부터 자기의 위상이 나타나기를 바랍니다. 황제 폐하, 수상 각하, 상감마마 등이 전부 다 그런 표현들입니다. 심지어 조선 시대에는 용상, 용루, 용안, 용포, 짐, 과인, 옥음, 수라 등등의 임금을 위한 용어가 한둘이 아니었습니다. 이 모두가 임금이 아닌 다른 사람들에게 적용되면 당장 대역죄로 다스려질 단어들이었습니다.

그런데 하나님은 그렇지 않습니다. 높임 받아 마땅한 분임에도 불구하고 우리에게 아버지처럼 친근하게 다가오십니다.

하나님께서 이스라엘 백성에게 자기 자신을 소개하는 가장 흔한 표현이 "아브라함의 하나님 이삭의 하나님 야곱의 하나님"입니다. 하나님은 아브라함에게도 하나님이고 이삭에게도 하나님이고 야곱에게도 하나님입니다. 하나님을 소개하는 표현이 어찌 이것밖에 없겠습니까? "단지 말씀으로만 우주 만물을 창조하신 창조주 하나님", "노아 때에 홍수로 세상을 쓸어버린 하나님", "소돔과 고모라를 유황불로 심판하신 하나님" 등 하나님의 능력을 드러내려면 이런 식으로 표현하는 것이 훨씬 더 효과가 있습니다. 하지만 하나님은 그런 엄청난 능력이 있음에도 불구하고 우리에게는 "아브라함의 하나님"이기를 원하십니다. 능력에 액센트를 둔 표현보다도 우리에게 가까이 다가올 수 있는 표현을 훨씬 더 좋아하십니다.

저에 대한 호칭은 "목사"입니다. 실제로는 그렇지 않습니다만 만일 "목사"라는 호칭이 굉장히 듣기 힘든 호칭이라고 가정하십시다. 엄청난 자격 요건이 있는 소수의 특권 계층만 목사가 될 수 있다치면, 남들이 저에게 "목사님!"이라고 부를 때마다 제 기분이 흐뭇해질 것입니다.

하지만 아무리 그렇다고 해도 제 딸이 저에게 "아빠"라고 부르지 않고 "목사님"이라고 부르면 그것은 듣기에 달콤한 호칭이 아니라 푼수 떨지 말라고 야단칠 일입니다. 목사가 제아무리 높은 자리라도 아이에게는 아빠입니다.

하나님도 그렇습니다. 우리가 하나님을 "아빠"라고 불러주기를 바라십니다. 그래서 우리는 하나님을 아버지라고 부를 때마다 하나님으로부터 "그래, 맞다. 네가 바로 내 아들이다." 하는 음성을 들을 수 있어야 합니다. 같은 맥락으로 "하나님, 제가 바로 하나님의 아들입니다." 하는 가슴 벅찬 감격으로 하나님을 아버지라고 불러야 합니다.

물론 우리가 집에서 아버지를 부를 때마다 자기가 아버지를 부른다는 사실에 대해서 가슴 벅찬 감격을 느끼지는 않습니다. 그저 일상적인 습관으로 부릅니다. 말을 배울 무렵부터 항상 "아빠", "아버지"라는 표현을 썼기 때문에 그 호칭에 대한 새삼스런 감격이 없는 것이 당연합니다.

그러면 이렇게 생각해 보십시다. 어떤 부잣집에 양자로 입양된 고아가 있습니다. 어제까지만 해도 고아원의 천덕꾸러기였는데 하루아침에 자신의 운명이 바뀌어서 부잣집 도련님이 되었습니다. 그러면 자기에게 찾아온 엄청난 행운이 미덥지 않아서 혹시 이것이 꿈이 아닐까 하는 마음으로 자기 볼을 꼬집어보기도 할 것입니다. 하지만 어지간해서는 실감이 나지 않습니다.

그러면 어떻게 하면 되겠습니까? 자기를 입양해 준 사람에게 "아빠!"라고 불러보면 됩니다. "아빠"라고 불러서 "응" 하고 대답하면 자기가 정말로 그 집 아들이 맞는 것입니다. 우리가 하나님을 부를 때마다 그런 것을 느껴야 합니다. "내가 정말로 하나님의 자녀로구나." 하는 가슴 들뜬 희열이 있어야 합니다.

하지만 이것은 단순히 우리가 얼마 만큼 감격해야 하느냐 하는 문제에만 국한되는 내용이 아닙니다. 우리가 하나님과 연결하여 감격해야 하는 만큼 하나님께도 우리와 연결된 부분이 있게 마련입니다.

아버지는 아들의 생계를 책임질 의무가 있습니다. "아빠" 하고 불렀을 때 "응." 하고 대답한 사람은 자기에게 "아빠"라고 부른 아이를 양육할 책임이 있는 사람입니다. 하나님께서 우리에게 "아버지"라고 부르도록 하셨다는 얘기는 하나님께서 친히 우리 인생을 책임지기로 작정하셨다는 뜻입니다.

양자로 입양된 고아가 자기를 입양해 준 사람에게 "아빠"라고 부르는 것으로 변화된 자기의 신분을 확인했으면 그 다음에는 무엇을 해야 하겠습니까? 하루아침에 고아에서 도련님으로 변화된 자기의 신분을 확인하고는 으리으리한 그 집 거실에 들어가서 평소에 하던 대로 각설이 타령이나 하는 것은 말도 안 됩니다. 한참 깡통을 두들기다가 잠깐 무료해지면 또 "아빠!" 하고 불러 보고, "응." 하는 대답을 듣고는 다시 각설이 타령을 한다는 것은 아무래도 어색합니다. 변화된 신분에 어울리는 변화된 모습이 있어야 합니다. 완성된 변화는 아니더라도 완성을 향하여 만들어져 가는 모습은 당연히 있어야 합니다. 하나님만 우리를 양육할 책임이 있는 것이 아니라 우리 역시 하나님의 자녀답게 자라야 할 책임이 있습니다.

만일 제 딸이 누군가에게서 "야! 쟤는 정말 목사 딸답다."는 말을 듣는다면 아마 그 말은 제 딸이 들을 수 있는 칭찬 중에 가장 큰 칭찬일 것입니다. 그리고 이런 칭찬을 들으려면 공부를 잘하거나 달리기를 잘하는 것 말고 하나님과 연결된 쪽으로 잘하는 것이 있어야 합니다.

우리에게도 이런 모습이 있어야 합니다. 하나님의 아들다운 모습, 하나님의 딸다운 모습이 있어야 하고, 또 자기에게 그런 모습이 있다는 것을 가장 큰 자랑거리로 삼아야 합니다. 또 그런 자랑을 들으려는 노력이 항상 있어야 합니다. 세상에서는 하다못해 탤런트를 닮았다고 해도 좋아합니다. 차인표를 닮았다거나 김희선을 닮았다고 하면 모두들 좋아합니다. 탤런트를 닮았다는 말이 세속적인 기준으로의 칭찬이라면, 하나님의 성품을 닮았다는 얘기는 우리 기독교인이 들을 수 있는 가장 큰 칭찬이어야 하고 또 가장 듣고 싶은 칭찬이어야 합니다.

우리가 이 세상에 속한 채로 살아가려면 굳이 하나님을 아버지라고 부를 필요가 없습니다. 비록 육신은 이 세상에 속하여 살고 있을지라도 하늘에 속한 사람처럼 살아야 하니까 하나님을 아버지라고 부르는 것입니다.

부잣집에 입양된 고아는 일단 깡통을 버려야 합니다. 고아원에 있을 때에는 한 번도 불러보지 못한 "아빠"를 부를 때마다, 아직도 자기에게 남아 있는 부잣집 아들과 동떨어진 모습을 하나하나 버려야 합니다. 마찬가지로 우리가 하나님을 아버지라고 부를 때마다 혹시 자기 자신에게 하나님을 아버지라고 부르기에 부족한 모습은 없는지를 늘 확인해야 합니다.

우리가 주기도문을 할 때마다 무신경하게 말하는 "하늘에 계신 우리 아버지여…"는 아무나 할 수 있는 기도가 아닙니다. 진정 자기에게 하나님의 아들다운 모습, 하나님의 딸다운 모습이 있는지 더듬어 보고 혹시 하나님의 아들, 하나님의 딸이라 칭함 받기에 부족한 모습이 있으면 그때마다 팔을 찍어내고 눈알을 뽑아내는 심정으로 그것을 하나씩 제거하려는 비장한 각오가 있어야 비로소 "하늘에 계신 우리 아버지여"를 말할 수 있습니다.

이름이 거룩히 여김을 받으시오며

앞에서 하나님을 아버지라고 부를 수 있다는 사실만으로도 우리에게는 엄청난 특권이라는 말씀을 드렸습니다. 그러면 하나님을 아버지라고 부르는 사람으로서 그 다음에는 무엇을 해야 하겠습니까? 당연히 아버지를 아버지로 모시는 것이 그 다음 순서입니다. 아버지를 아버지로 모시고 자녀의 본분을 지켜야 합니다.

흔히 교회에서 신앙생활하는 모습을 보면 이런 부분에서 상당히 격정적입니다. "내가 주를 위하여 이것도 하고, 저것도 하고…" 하면서 전부 다 이를 악물고 소매를 걷어붙일 생각부터 합니다.

하지만 하나님을 아버지로 모신 자녀의 본분은 그런 모습이 아닙니다. 여러분은 집에서 아버지와 어떻게 지내십니까? 금이빨 빼서 봉양하고, 교과서를 팔아서 담배 값으로 드리는 자녀는 없을 것입니다. 효도는 그렇게 하는 것이 아닙니다. 식사할 때 아버지가 수저를 들기 전에는 먼저 수저를 들지 않고, 아버지께서 어떤 말씀을 하시면 항상 그 말씀에 귀를 기울이고, 아무리 불쾌한 일이 있어도 아버지가 계신 자리에서는 언성을 높이지 않는 것이 정상적으로 아버지를 모시는 모습입니다.

교회에서도 마찬가지입니다. 아버지를 위하여 가재 도구를 내다 파는 일 말고 일상적인 생활 가운데서 삶의 관심과 우선 순위가 하나님이어야 합니다.

몇 년 전에 어떤 자매에게서 전화를 받았던 적이 있습니다. "전도사님, 잠깐 찾아뵙고 상의드리고 싶은 일이 있는데 지금 시간 어떠세요?" 하고 묻기에, "저는 언제나 한가합니다. 아무 때나 찾아오십시오." 하고 대답했습니다.

하지만 엄밀하게 말씀드리면 저는 항상 시간에 쪼들리는 사람입니다. 늦잠 한번 자보는 것이 소원인 사람입니다. 저는 5년 넘게 직장생활을 하다가 늦게 신학을 시작했는데, 신학을 하고 보니 직장생활 할 때와 뚜렷하게 구분되는 점이 몇 가지 있습니다. 가장 대표적인 것이 바쁘다는 것입니다. 직장생활을 할 때에는 아무리 바빠도 회사에서만 바쁘고 퇴근하면 그것으로 끝이었습니다. 아주 급한 경우에 일거리를 집으로 가지고 오는 사람도 있다고는 합니다만 그것은 상당히 예외적인 경우이고 대부분의 샐러리맨들은 그런 식으로 근무하지 않습니다.

하지만 이제는 그렇지 않습니다. 교회에서 근무하다가 퇴근하고 집에 오면 설교 준비를 해야 합니다. 도무지 일이 끝나지 않습니다. 한가할 틈이 없습니다.

그런데 그때 그 자매와 통화하면서는 한가하다고 얘기했습니다. 왜냐하면 그런 일이라면 다른 일은 얼마든지 뒤로 미룰 수 있기 때문입니다. 할 일이 없어서 한가한 것이 아니라 일의 우선 순위를 재배치해서 한가한 것입니다.

우리가 흔히 바쁘다고 말하는 상당 부분이 그렇습니다. 무슨 일을 먼저 할 것인지에 대한 우선 순위 문제입니다. 객관적으로 바빠서 바쁜 것이 아니라 주관적으로 바빠서 바쁩니다. 자기 생각에 급해 보이는 일이 많아서 바쁜 것이지 유독 자기에게만 하루가 열두 시간 뿐이라서 바쁜 것이 아닙니다.

그래서 당부드리는데 "나, 이번 주에 교회 못 가!" 하는 표현은 제발 쓰지 마십시오. 교회를 못 가는 경우는 거의 없습니다. 아침에 집을 나섰다가 교통사고를 당한 경우라면 못 가는 것이 맞습니다만 대부분의 경우 안 가기로 작정하고 못 간다는 표현을 씁니다.

"나, 이번 주에 교회 못 가."

"왜?"

"친구와 약속 있어."

이런 대화가 단적인 예입니다. 사실은 친구와 약속이 있어서 교회를 못 나오는 것이 아니라 미리 안 가기로 하고 약속을 한 것입니다. 그러면서도 말은 안 간다고 하지 않고 못 간다고 합니다.

제가 신학을 공부하기 전에 구역장을 맡은 적이 있습니다. 구역예배를 드리기 전에 구역 식구들에게 일일이 전화를 돌립니다. "오는 토요일 몇 시에 아무개 집사님 댁에서 구역예배를 드립니다. 꼭 참석하십시오." 하고 전화를 드리는데, 구역예배 출석 성적이 유난히 안 좋은 분이 계셨습니다. 전화만 드리면 항상 바쁘다고 합니다.

그런데 한 번은 평소처럼 "바쁘다."고 하지 않고 "잘 모르겠다."고 하셨습니다. 그래서 무슨 일이 있으시냐고 다시 물었는데 대답이 가관이었습니다. 아직은 아무 일도 없는데 정확한 것은 그때 가봐야 알 수 있겠다는 것이었습니다. 정해진 구역예배 시간에 아직은 스케줄이 없지만 금명간에 스케줄이 생길지도 모른다는 뜻입니다. 굳이 구역예배를 위해서 따로 시간을 비워 둘 마음이 없습니다. 토요일까지 가봐서 아무일도 안 생기고 몸도 특별히 피곤하지 않고 정 심심하면 참석할 작정입니다. 그래서 그분은 구역예배 얘기만 나오면 항상 바쁩니다. 고작해야 일년에 두 번 정도 예배에 참석합니다.

물론 예배 참가 성적이 양호한 분도 계셨습니다. 특별히 신경 써서 챙기지 않아도 늘 개근하는 분들이 있었습니다. 그렇게 개근하는 분들은 전부 다 백수라서 개근하는 것이 아닙니다. 그분들도 사회생활에 바쁘기는 마찬가지입니다. 그럼에도 불구하고 일의 우선 순위를 바꾼 것입니다.

우리가 하나님을 섬길 때에도 이런 모습이 있어야 합니다. 우리의 삶과 관심에 하나님이 어느 정도의 자리를 차지하고 있는지를 항상 확인해야 합니다. 이런 점에서 예배를 어떻게 드리는가 하는 것은 상당히 중요합니다.

교회에서 보면 예배 때 늦는 사람이 항상 늦습니다. 말로는 어쩌다 늦었다고 하는데 정말로 어쩌다 늦은 것이라면 어쩌다 빨리 올 때도 있어야 합니다. 그런데 어쩌다 빨리 올 때는 한 번도 없고 늘 어쩌다 늦기만 합니다. 어쩌다 늦은 것이 아니라 사실은 제시간에 올 마음이 없었다는 반증입니다. 예배 시간보다 5분만 먼저 교회에 도착해도 예배를 기다리는 그 5분이 아까운 것입니다. 그러니까 언제나 늦습니다.

사람은 한꺼번에 두 가지 일을 하지 못합니다. 그래서 중요한 일을 먼저 합니다. 보편타당한 가치 기준으로 중요한 일을 먼저 하는 것이 아니라 자기 생각에 중요한 일을 먼저 합니다. 자기가 중요하게 생각한다는 이유만으로 저절로 그 일에 특정한 중요성이 부여되는 것은 아니지만 그래도 자기에게 중요한 일을 먼저 합니다.

구체적인 예를 들어보겠습니다. 각자의 신앙 수준에 따라서 다르겠지만 주일낮예배는 일상적인 친구를 만나는 것보다는 우선 순위에 있을 것입니다. 그러면 저녁예배는 어떻습니까? 혹시 저녁예배는 TV 프로그램보다도 하위에 자리잡고 있지 않습니까? 또 아주 친한 친구의 결혼식은 주일낮예배보다도 급하지 않습니까? 그러면 수요예배는 어떻습니까? 주일낮예배보다 상위에 오는 것은 거의 없다고 해도 주일저녁예배보다 상위에 오는 것은 제법 많을 것입니다. 그리고 수요예배보다 상위에 오는 것은 아예 일일이 나열하는 것이 무가치할 정도일 것입니다.

종교개혁자 루터가 한 말 중에 "하나님을 하나님 되게 하라"는 말이 있습니다. 하나님을 하나님 되게 하라고 했다고 해서 "수리 수리 마수리 하나님이 되어라 얍!" 하라는 말은 아닙니다. 하나님의 이름을 거룩하게 여기라는 뜻입니다.

그런데 우리 하나님은 이미 충만하게 거룩하신 분입니다. 우리가 하나님을 거룩하게 여긴다고 해서 지금보다 더 거룩해지고, 우리가 하나님을 거룩하게 여기지 않는다고 해서 하나님의 거룩성이 손상받는 법은 없습니다. 하나님의 거룩성은 불변입니다. 하지만 하나님을 믿는 우리에게서 풍기는 이미지에 따라서 세상 사람들이 하나님에 대해서 갖는 이미지도 달라질 것입니다.

"저 애가 아무개 아들이다", "저기 가는 애가 아무개 딸이다" 하는 말이 칭찬입니까, 꾸중입니까? 이 말만으로는 칭찬인지 꾸중인지 얼른 판단을 못합니다. 칭찬할 때 이 말을 쓰면 칭찬이고 꾸중할 때 이 말을 쓰면 꾸중입니다. 동네 어른에게 꾸벅 인사를 했을 때 "야! 너 참 착하다. 너 누구 아들이냐?" 하면 칭찬입니다. 그 아이를 아들로 둔 부모까지 같이 칭찬을 듣는 셈입니다. 하지만 유리창을 깨고 도망가다 잡혔을 때 "너, 누구 아들이야?" 하면, 이 때는 꾸중입니다. 그 아이를 아들로 둔 부모까지 욕을 먹는 꼴입니다.

지금 우리가 사는 세상에도 동명이인이 있습니다. 하물며 언어가 발달하지 못한 고대에는 동명이인이 훨씬 많았을 것입니다. 이스라엘도 예외는 아닙니다. 그래서 이스라엘에서는 동명이인을 구별하기 위해서 두 가지 방법을 썼습니다. 하나는 출신 지방을 같이 언급하는 것이고, 다른 하나는 아버지의 이름을 같이 말하는 것입니다. 나사렛 예수, 디셉 사람 엘리야가 전자의 예이고, 눈의 아들 여호수아, 가룟 시몬의 아들 유다라고 말하는 것이 후자의 예입니다. 눈의 아들 여호수아라고 불리는 것에 대해서 여호수아의 아버지인 눈은 아무런 부끄러움이 없을 것입니다. 오히려 자랑스러울 것입니다. 하지만 가룟 유다의 아버지는 그렇지 않습니다. 아들의 부끄러운 이름을 같이 뒤집어 써야 합니다. 이처럼 아들이 누구냐에 따라서 아버지에 대한 이미지는 천양지차로 달라집니다.

같은 내용의 글이 어린이 성경공부 교재에 실려 있습니다.

"…한 동네에 칠복이와 팔복이가 살았다. 칠복이는 마음씨가 착하고 일도 잘했다. 이웃 어른들을 보면 인사도 잘했다. 이웃 사람들은 칠복이 아버지를 부를 때마다 칠복이 아버님, 칠복이 어르신네라고 불렀다. 칠복이가 사람다움으로 아버지의 이름을 빛낸 것이다. 그런데 팔복이는 일도 잘 안 하고 이웃 어른들을 보면 본체만체했다. 이따금씩 이웃집의 물건도 훔쳤다. 이웃 사람들은 팔복이 아버지를 부를 때마다 팔복이 애비, 자식 교육 하나 제대로 못 시킨 놈이라고 불렀다. 팔복이가 인간이 되지 못한 바람에 아버지까지 욕을 먹게 된 것이다."

어떤 자식을 두었느냐에 따라서 부모의 인격이 좌우되는 것은 아닙니다. 부모의 인격은 불변입니다. 하지만 사람들은 그렇게 여깁니다. 앞의 글은 그런 예를 단적으로 보여주고 있습니다.

TV 화면에 비친 두 종류의 어머니의 모습을 본 적이 있습니다. 올림픽에서 금메달을 딴 선수의 어머니, 수능시험에 전국 수석을 차지한 학생의 어머니, 사법고시에 합격한 아들의 어머니… 이들의 모습에는 한결같이 기쁨과 자랑이 있었습니다.

하지만 반대의 경우도 있습니다. 군복무를 하다가 부대를 뛰쳐나온 탈영병의 어머니, 인질범 아들을 설득시키기 위해서 달려온 어머니, 자식의 사고 소식을 듣고 달려와 망연자실한 어머니… 이들의 모습은 한결같이 초췌했습니다. 전자의 어머니가 더 교양 있는 것도 아니고, 후자의 어머니가 덜 인격적인 것도 아닙니다. 그런데 두 어머니의 모습은 판이하게 달라 보입니다. 마찬가지로 우리가 어떤 모습이냐에 따라서 하나님의 이름이 거룩하게 되기도 하고 반대로 손상 받기도 합니다.

알렉산더가 진중을 시찰하는데 막사 안에서 병졸들이 하는 얘기가 들렸습니다. 가만히 귀를 기울여 보니 누군가의 흉을 보는 중이었습니다. 그런데 계속 듣고 있으려니까 지금 욕하는 대상이 바로 자기였습니다.

"알렉산더, 그 놈 참 나쁜 놈이야."
"맞아. 도무지 남을 배려할 줄 몰라. 그 놈은 정말 인간성도 더러워."
"난 그 놈 얼굴만 안 보면 살 것 같아."
………

얘기를 듣던 알렉산더는 노발대발했습니다. 아무리 잡담이지만 감히 황제인 자기를 모욕한다는 것은 있을 수 없는 일입니다. 당장 그 막사에 있던 군인들을 잡아오라고 했습니다.

"네 이놈들! 너희들은 감히 황제를 모욕했다. 그 죄는 죽어 마땅하다."

그런데 잡혀 온 군인들은 전부 다 어안이 벙벙한 표정이었습니다. 자기네가 무슨 잘못을 했는지 도무지 모르는 눈치였습니다.

"내가 직접 들었는데도 시치미를 뗄 작정이냐?"

서슬 퍼런 알렉산더의 호령 앞에서 그들은 그때서야 대답했습니다.

"폐하, 저희는 폐하를 흉본 것이 아닙니다. 저희 동료 중에 폐하와 이름이 똑같은 알렉산더라는 친구가 있는데, 그 친구의 행실이 별로 좋지 않아서 그 얘기를 하던 중이었습니다."

그 말을 들은 알렉산더는 당장 그 병사를 데려오라고 했습니다. 그리고 영문도 모르는 채 분위기에 눌려 벌벌 떨고 있는 그에게 추상같이 말했습니다.

"네가 알렉산더냐?"
"예, 그렇습니다."

"황제인 내가 명령한다. 너는 당장 이름을 바꾸든지 행실을 바꾸든지 둘 중의 하나를 바꿔라."

우리가 바로 그렇습니다. 우리는 크리스천이라는 이름을 바꾸든지 아니면 크리스천으로서 살아가는 모습을 바꾸든지 둘 중의 하나를 바꿔야 하는 사람들입니다.

담비는 가죽이 상당히 고급인 동물인데 사냥하는 것은 별로 어렵지 않다고 합니다. 담비가 사는 굴만 발견하면 거의 잡은 것이나 마찬가지입니다. 담비가 밖에 나가 있는 틈을 타서 굴 입구에 오물을 흩뜨려 놓으면 됩니다. 담비는 자기 몸이 더러워지는 것을 몹시 싫어하는 동물입니다. 그래서 화급하게 쫓기는 순간이라도 자기 집 앞에 오물이 있으면 그리로 지나가지 못하고 안절부절 못하다가 결국은 잡히고 맙니다. 물론 담비에게 자기를 더럽히느니 차라리 죽음을 택하겠다는 절개가 있는 것은 아닙니다만 하여간 담비는 자기 몸을 더럽히지 않으려다 죽기까지 하는 동물입니다. 우리에게도 당연히 이런 모습이 있어야 합니다. 주님의 백성이라는 우리의 신앙 절개를 더럽히느니 차라리 죽음을 택하는 결연한 의지가 있어야 합니다.

특히 이스라엘 사람들은 하나님이라는 이름 자체를 상당히 거룩하게 여겼습니다. 그들은 지금도 글씨가 인쇄된 종이는 밟지 않습니다. 혹시 그 종이에 "하나님"이라는 글자가 씌어 있을지 모르기 때문입니다.

예전의 히브리 사람들은 성경을 일일이 손으로 베껴서 썼습니다. 그 일을 맡았던 사람들이 바로 서기관인데, 성경을 한창 베껴 쓰다 보면 "하나님"이라는 단어가 나올 수 있습니다. "하나님"이 나오면 그들은 일단 거기서 동작을 멈춥니다. 본래 필사를 하게 되면 소리를 내건 내지 않건 간에 자기가 필사하는 부분을 읽게 마련입니다. 지금 우리는 "태초에 하나님이 천지를 창조하시니라", "여호와는 나의 목자시니" 하고 쉽게 소리를 내어 읽습니다만 히브리 사람들은 그렇게 하지 않았습니다. 하나님의 성호를 더러운 인간의 입으로 발음하는 것이 죄스럽다고 하여 하나님은 무조건 "아도나이"라고 읽었습니다. 우리도 아버지 이름을 말할 적에는 이름을 그대로 얘기하는 것이 아니라, "제 아버지 함자는 무슨 자 무슨 자입니다"라고 하는데, 그것과 같은 맥락입니다. 감히 그 이름을 부를 수 없는 것입니다. 그래서 하나님을 읽기는 일단 "아도나이"라고 읽고, 그 다음에 "하나님"을 쓰는데 그때마다 한 번도 쓰지 않은 새 붓을 사용했습니다. 그것도 그냥 쓰는 것이 아니라 목욕을 하고 와서 썼습니다.

모세 오경을 손으로 써서 옮기기 위해서 붓이 6,080자루가 필요했습니다. 이 얘기는 목욕을 6,080번 해야 했다는 얘기와도 같습니다.

또 그 시대에는 종이가 없었습니다. 그래서 짐승 가죽에다 성경을 썼는데, 가장 품질이 좋은 가죽이 송아지 가죽이라고 합니다. 모세 오경을 쓰려면 송아지 60마리 분의 가죽이 필요한데, 고통을 받으면서 죽은 짐승의 가죽에 하나님의 말씀인 성경을 쓰는 것이 옳지 않다고 하여 자연스럽게 죽은 송아지를 구했습니다. 사람이 죽인 송아지가 아니라 자연사(自然死)한 송아지 60마리 분의 가죽이 있어야 모세 오경을 다 쓸 수 있었습니다. 히브리 사람들에게 있어서 하나님의 성호는 그만큼 거룩한 것이었습니다.

실제로 하나님이 우리 앞에 계시다면 그 앞에서 거룩한 마음을 갖지 않을 사람은 아무도 없을 것입니다. 굳이 하나님께서 친히 오실 것까지도 없습니다. 아브라함이나 모세, 베드로나 바울이 와도 우리는 그 앞에서 경건해질 것입니다. 심지어 목사님이 심방을 가도 앉는 자세가 달라지는 것을 흔히 볼 수 있습니다.

결국 우리의 거룩성은 하나님과 마주앉아서 하나님 면전에서 확인할 것이 아니라 우리끼리 있을 때 확인해야 합니다. 하나님 면전에서는 누가 더 거룩하고 누가 덜 거룩한 지의 구분이 없습니다. 누구나 다 똑같이 거룩합니다. 하나님과 무엇을 했느냐 하는 것에 거룩이 있는 것이 아니라 하나님을 만난 다음에 이웃과의 관계가 과연 어떠하냐 하는 것에 거룩이 있습니다.

국어 사전에서 "거룩"을 찾아보면 "성스럽고 위대한 것"이라고 되어 있습니다. 아마 우리가 흔히 상상하는 "거룩"도 국어 사전에서 말하는 "거룩"의 범주에서 크게 벗어나지 않을 것입니다. 하지만 성경에서 말하는 거룩은 그런 것이 아닙니다. 성경에서는 "구별된 것"을 거룩하다고 합니다.

요즘은 그런 가정이 드물 것입니다만 제가 어렸을 때만 해도 아버지께서 쓰시는 수저는 저희 형제가 쓰는 수저와 달랐습니다. 밥그릇도 물론 달랐습니다. 아버지의 수저나 밥그릇으로 우리가 밥을 먹는다는 것은 상상도 못할 일입니다.

우리가 하나님께 대하여 이런 모습이 있어야 합니다. 시간이 구별되어야 하고, 마음이 구별되어야 하고, 물질이 구별되어야 하고, 더 나아가서 우리의 인생이 구별되어야 합니다.

1992년 바르셀로나 올림픽에서 황영조 선수가 마라톤 우승을 차지

했습니다. 우리 나라 국민 치고 우리 나라 선수가 마라톤에서 우승하여 태극기가 게양되고 애국가가 울려 퍼지는 것을 들으면서 흥분하지 않을 사람은 없습니다. 황영조 한 선수로 인해서 국제 무대에서 우리 나라의 위상이 올라간 것입니다. 그렇지만 이 모든 일이 어느날 갑자기 하늘에서 뚝 떨어진 것은 아닙니다. 그 일이 있기까지 황영조 선수가 무엇을 했겠습니까? 연습하다가 너무 힘들어서 마주 달려오는 트럭에 몸을 던지고 싶은 충동을 느낀 것이 한두 번이 아니라는 그의 얘기를 들은 적이 있습니다. 그 모든 고통의 순간들을 감수한 결과로 태극기가 게양되고 애국가가 울려 퍼지는 것입니다.

우리가 하나님의 이름을 높이는 것도 마찬가지입니다. 평소에 자기 하고 싶은 일을 다 하다가 요긴한 순간에 한 번 모질게 마음먹고 하나님의 이름을 높여 드리는 것이 아니라 그런 모습이 일상사로 몸에 배어 있어야 합니다.

목회는 힘든 일이라고 말하는 사람이 많습니다. 특히 저는 직장생활의 경험이 있기 때문에 "목사님, 왜 직장을 버리고 이렇게 힘든 길을 택했습니까?" 하는 질문을 자주 듣습니다. 이 세상에 쉬운 일이 없듯이 물론 목회도 힘이 듭니다. 하지만 자기가 목회를 해보지도 않았으면서 "목회는 힘들다"고 얘기하는 교인들을 보면 의아한 마음이 생깁니다. 그런 얘기를 하는 심리적인 배경이 짐작되기 때문입니다.

목회자에게 "힘든 일을 하는 사람"이라고 얘기하는 이유는, 목회자는 하나님의 이름에 합당하게 살아야 할 책임이 있는 사람이라는 전제를 깔고 있기 때문입니다. 물론 목회자는 하나님의 이름에 합당한 삶을 살아야 합니다. 그 얘기는 맞습니다.

그러면 목회자는 그렇다 치고, 교인들은 어떻습니까? 목회자가 하나님의 이름에 합당하게 살아야 하는 것처럼 교인들도 역시 하나님의 이름에 합당하게 살아야 합니다. 목회자만 예수를 믿고 일반 교인들은 예수를 믿지 않는 것이 아닙니다. 어차피 신앙생활의 본질은 같습니다. 그런데 "목회자는 힘든 일 하는 사람이다" 하고 말을 하므로써 하나님의 이름에 합당하게 살아야 할 책임을 목회자들에게만 전가시키고 자기들은 대충 살 작정으로 그런 말을 하는 것은 곤란합니다. 목회자가 목회를 하는 것이 힘든 것처럼 교인들도 역시 신앙생활을 하는 것이 힘들어야 합니다. 교인들도 당연히 하나님의 이름에 합당한 삶을 살아야 하고, 하나님의 이름에 합당한 영광을 돌려야 합니다.

그런데 하나님께 합당한 영광을 돌리는 일은 우리 이름으로는 안 됩니다. 오직 예수 이름으로만 가능합니다. 결국 우리는 예수 이름으로 살아야 합니다. 예수 이름을 기준으로 무엇을 해도 거기에 부족하지 않은 모습이 바로 우리의 모습이어야 합니다. 예수님께서 주기도문의 삶을 사셨던 것처럼 하나님을 거룩하게 하는 것이 우리 삶의 목적이어야 하고 간절한 기도 제목이어야 합니다.

여러분은 인생 목표가 무엇입니까? 어린 시절에는 누구나 다 "대통령"이라고 대답했겠지만, 그렇게 획일화 된 소원 말고 지금 여러분이 꿈꾸는 사람은 어떤 사람입니까? 비록 아무 생각 없이 하루하루를 살아갈지라도 마음 속으로 "나는 이런 사람이 되었으면 좋겠다" 싶은 모범이 있을 것입니다.

세례문답 할 때에 들어보셨는지 모르겠습니다만, 소요리문답에 따르면 사람의 제일된 목적은 하나님을 영화롭게 하고 그를 영원토록 즐거

위하는 것입니다. 그러면 이 소요리문답에 나온 정답과 자기가 속으로 생각하는 인생 목표를 비교해 보아야 합니다. 만일 우리의 인생 목표가 하나님을 영화롭게 하고 그를 영원토록 즐거워하는 것이 아니라면, 우리의 인생 목표가 잘못되었든지 아니면 우리가 사람이 아니든지 둘 중의 하나라는 뜻입니다. 결국 자신의 인생 목표와 자신의 삶에 있어서 가장 가치 있다고 생각하는 내용을 바꾸든지 아니면 스스로 사람이기를 포기하든지 양자택일을 해야 할 것입니다. 바로 여기에서부터 하나님의 이름을 거룩히 여기는 일이 시작됩니다.

나라이 임하옵시며

"나라이 임하옵시며"라는 얘기는 "지금 하나님의 나라가 임하기를 바랍니다"라는 뜻입니다. 요즘도 그렇습니다만 예수님 당시에는 나라를 잘 만나는 것이 큰 복이었습니다. 자기가 태어날 나라를 스스로 선택할 수 있다고 하면, 기왕이면 호주나 덴마크, 캐나다처럼 살기 좋은 나라에서 태어나고 싶어할 것입니다. 굳이 르완다나 에티오피아, 소말리아처럼 가난에 찌든 나라에 태어나고 싶어하는 사람은 없을 것입니다. 과학 문명이 발달한 지금도 할 수만 있으면 복지 제도가 잘 되어 있는 나라에 태어나고 싶어하는데 하물며 예수님 당시에는 말할 것도 없습니다. 로마인으로 태어나는 것과 히브리인으로 태어나는 것이 다르고, 히브리인으로 태어나는 것과 에돔인으로 태어나는 것이 달랐습니다.

비단 나라를 만나는 것만 중요한 것이 아닙니다. 왕을 만나는 것도 그렇습니다. 우리 나라도 연산군 시대의 백성보다 세종대왕 시대의 백성이 살기 좋았을 것입니다. 나라를 잘 만나고 임금을 잘 만나는 것은 분명한 복입니다. 특히 이스라엘 민족은 다윗 왕 때의 영광을 마음 속으로 회상하며 그때를 추억하면서 살아가는 민족입니다. 어서 속히 그런 시절이 다시 왔으면 좋겠다고 하는 간절한 목마름이 모두에게 있었습니다. 그런 생각을 가지고 있는 사람들에게 주님께서는 "나라이 임하옵시며…"라는 기도를 가르치셨습니다. "하나님이 친히 오셔서 우리를 다스리셨으면 좋겠습니다" 하고, 고백하는 심정으로 "지금 하나님의 나라가 임하기를 바랍니다"라고 기도하라는 뜻입니다.

예수님이 이 땅에 계실 적에 선포하셨던 중심 메시지도 "하나님 나라"였습니다. 공생애를 시작하시는 예수님의 제일성이 "회개하라 천국이 가까왔느니라"였습니다.

여기서 말하는 "하나님 나라"는 일단 "세상 나라"가 아니라는 뜻입니다. 이 세상 나라와는 진행 원리가 다른 나라입니다.

국가의 3요소는 국민, 주권, 영토입니다. 이 세 가지가 있어야 국가가 형성됩니다. 우리가 흔히 국가를 말할 때는 이 세 가지 중에서도 국토가 가장 먼저 연상됩니다. 부동산 투기를 좋아해서 그런지 전부 다 땅에 관심이 있습니다. 그런데 하나님의 나라는 그렇지 않습니다. 하나님의 나라는 주권에 일차적인 의미가 있습니다.

미국이 어디까지가 미국입니까? 굳이 미국 본토와 하와이, 알래스카… 하고 따질 필요가 없습니다. 클린턴 미국 대통령의 통치권이 인정되는 곳까지가 미국입니다. 마찬가지로 우리 나라는 김대중 대통령의 영향력이 행사되는 곳까지가 우리 나라입니다. 결국 하나님의 나라는 하나님의 통치가 이루어지는 곳까지를 말합니다. 지금 우리가 하나님의 뜻에 순복하면 바로 거기까지가 하나님의 나라입니다.

"그 열두 문은 열두 진주니 문마다 한 진주요 성의 길은 맑은 유리 같은 정금이더라"(계 21:21)

요한계시록에 소개되어 있는 천국의 모습입니다. 요즘 말로 하면 천국은 아스팔트가 다 금으로 되어 있습니다.

우리가 살고 있는 세상에서 가장 귀한 가치로 인식되는 것이 금입니다. 돈이면 뭐든지 다 된다는 생각을 가리켜서 "돈 만능주의"라고 하지 않고 "황금 만능주의"라고 하고, 돈을 숭배하는 사상을 가리켜서 "배전주의(拜錢主義)"라고 하지 않고 "배금주의(拜金主義)"라고 합니다. 여기서 말하는 금은 이 세상 가치의 척도인 돈을 대표하는 표현입니다. "황금 보기를 돌같이 하라"는 말도 같은 맥락입니다. 재물에 대한 욕심을 경고하면서 재물의 대표로 금을 거론하고 있습니다.

이처럼 이 세상의 가치를 대표하는 것이 금인데, 천국에서는 전혀 그렇지 않습니다. 천국에서는 금이 가치를 대표하기는커녕 아예 가치 있는 것으로 여겨지지도 않습니다. 천국에서는 아스팔트가 금입니다. 우리가 이 다음에 천국에 가면 길을 걸을 때마다 우리 발 밑에 밟힐 것입니다. 생각만 해도 통쾌한 일입니다. 우리가 소망하는 하나님 나라는 이 세상에서 가장 귀하게 여겨지던 것을 발로 쾅쾅 밟고 다니는 나라입니다.

제가 어렸을 적에는 구슬과 딱지가 굉장히 귀중한 보물이었습니다. 구슬 몇 개를 주머니에 넣고 동네 한 바퀴를 돌며 양쪽 주머니에 가득

차도록 따고 들어온 날은 밤에 잠이 안 올 만큼 신나는 날이었고, 반대로 구슬 몇 개를 잃은 날은 분하고 속상해서 잠을 이루지 못하는 날이었습니다. 요즘은 세태가 바뀌어서 저의 애는 구슬이나 딱지 대신 "따조"라는 것을 가지고 놉니다만, 딱지든 구슬이든 따조든 전부 다 마찬가지입니다. 이것들은 조금만 나이를 먹으면 전혀 귀중하지 않게 여겨지게 되는 물건들입니다. 그것이 가지는 본래의 가치 자체가 변질된 것이 아니라 가치를 따지는 기준이 달라진 것입니다.

하나님 나라도 그렇습니다. 이 세상의 가치가 그대로 연장되는 곳이 아니라 이 세상의 가치보다 더 중요한 다른 가치가 있는 곳입니다.

그러면 그 천국에는 어떤 사람이 들어갈 수 있겠습니까? 예수님은 "회개하라. 천국이 가까왔느니라"고 외치셨습니다.

시험 때가 되면 공부를 해야 하는 것처럼 천국의 도래를 알면 회개를 해야 합니다. 이 세상이 전부인 것으로 알고 살아가면 자기 마음대로 살아도 되지만 이 세상이 전부가 아니라 다음 세상이 있는 것을 알았으면 자기 마음대로 살면 안 됩니다. 다음 세상이 있게 하신 분의 뜻에 맞게 살아야 합니다. 그것이 회개입니다.

흔히 후회와 회개를 혼동하는 경향이 있는데 이 둘은 동일 개념이 아닙니다. 도로에 그려져 있는 U턴 표지판이 회개의 속성을 그대로 보여주는 단적인 예입니다. 진행 방향을 180° 바꾸는 것이 U턴입니다. 왜 U턴을 해야 하는고 하니, U턴을 하지 않으면 목적지에 도달하지 못하기 때문입니다. U턴을 하지 않고 진행하면 진행할수록 목적지와 점점 멀어지게 됩니다.

회개가 바로 이 U턴과 같습니다. 본래의 진행 방향을 수정하는 것처럼 본래 자기 생각이 있음에도 불구하고 하나님 뜻에 따르는 것이 회개입니다. 자기 생각은 틀렸고 하나님 생각이 옳다는 것을 인정하는 것입니다.

결국 신자란 자기 생각이 있음에도 불구하고 진리를 앎으로 인해서 그 진리를 기준으로 자기 생각과 고집을 꺾은 사람입니다. 자기 생각이 아예 없어서 하나님의 뜻에 순응하는 것이 아니라 자기 생각이 있음에도 불구하고 하나님의 생각이 더 높다는 사실을 인정해서 그 권위에 순응하는 것입니다. 이것은 논리의 문제가 아니라 권위의 문제입니다.

중·고등부를 지도하다 보면 학생들이 자기들끼리 하려는 일을 제가 나서서 막아야 하는 경우가 있습니다. 그때 제가 한마디로 "안돼" 하고 말하면, 학생들 사이에서는 대부분 두 가지 반응이 나타납니다. "안돼"라고 얘기만 하고 더 이상의 설명이 필요 없는 그룹이 있는가 하면, 안되는 이유를 설명해도 한사코 말꼬리를 잡는 그룹도 있습니다. 주목할 만한 사실은 두 그룹의 차이가 제 말을 이해하는 정도에 있는 것이 아니라 평소에 저를 따르는 정도에 있더라는 사실입니다. 평소에 저를 잘 따르던 학생들은 그 이유를 묻지 않고 "알겠습니다" 하고 넘어가는데, 평소에 잘 따르지 않던 학생들은 꼬치꼬치 이유를 묻습니다. 필연적인 인과관계야 없겠지만, 평소에 목회자를 잘 따르는 학생들이 그렇지 않은 학생들에 비해서 신앙적으로 앞서 있으리라는 사실 정도는 쉽게 상상할 수 있을 것입니다. 이처럼 왜 안 되는지를 따질 것이 아니라 자기들을 지도하는 목회자가 안 된다고 했다는 이유만으로 안 되는 줄 아는 것이 잘하는 것입니다.

제가 학생 때만 해도 당구장은 미성년자 출입 금지였습니다. 대학생이 되어서야 당구를 칠 수 있었는데 지금은 당구장이 위락시설이 아니라 체육시설로 등록되어 있어서 학생들도 출입이 가능합니다. 제가 맡고 있는 중·고등부에도 당구를 치는 학생들이 몇 명 있어서 학생 때는 당구를 안 치는 것이 좋다는 얘기를 했습니다. 그런데 제가 그런 얘기를 하면 꼭 반박하는 애들이 있습니다. 스트레스 해소용으로 얼마나 좋은 운동인데 그러느냐고 하면서, 당구를 치지 말라는 저의 얘기를 세대차이로 몰아붙입니다. 그러면 저는 학생 때 왜 당구가 해로운 지를 조목조목 일러주는 대신 제 당구 실력을 얘기합니다. 저는 대학 다니는 동안 공부는 안 하고 매일 당구만 쳤기 때문에 당구 실력은 상당합니다. 그래서 "야! 이 놈아, 내가 당구를 이만큼 치는데, 그거 별로 안 좋아. 졸업하면 쳐!" 하면 더 이상 말대꾸를 못합니다. 학생 시절에 왜 당구가 안 좋은지에 대한 논리적인 설명에는 자기 나름대로의 이유를 동원하여 반박하지만 자기가 좋아하는 당구를 자기보다 훨씬 더 잘 치는 고수의 얘기에는 감히 반박하지 못 합니다. 논리보다는 권위가 우선하기 때문입니다. 이 말을 뒤집으면 권위에 순응하지 않는 사람은 논리에도 순응하지 않는다는 얘기가 됩니다.

우리가 하나님의 권위에 얼마 만큼 순응하느냐 하는 것은 하나님에 대한 사랑이 얼마 만큼 있느냐 하는 문제에 연결됩니다. 하나님을 사랑하는 정도에 따라서 하나님께 순응하는 정도가 결정됩니다.

제가 앞에서 국가의 3요소는 국민, 주권, 영토라고 했는데 특별히 하나님의 나라는 통치권의 개념이라고 했습니다. 그러면 그 나라 국민의 자격은 무엇이겠습니까? 국민의 자격은 시험 봐서 얻어지는 것이 아니라 태어나면서 저절로 생겨나는 것입니다. 그 나라 국민으로 태어나면 그것으로 그 나라 국민이 됩니다. 다른 절차가 필요 없습니다.

범법자의 경우는 어떻습니까? 법을 어겼다고 해서 그 나라의 국민이라는 신분 자체를 박탈당하지는 않습니다. 하지만 국민으로서의 자유와 권리를 향유하지는 못합니다. 감옥에 갇히게 되면 우선 거주 이전의 자유가 없어집니다. 자신의 모습을 다른 사람에게 노출시키는 것이 부끄러워지게 됩니다.

천국도 그렇습니다. 분명히 천국 백성임에도 불구하고 석연치 못한 천국 백성이 얼마든지 있을 수 있습니다. 하나님의 은혜로 천국 백성이 되었으면서도 자기가 천국 백성이라는 사실이 남에게 알려지는 것을 부끄러워하는 경우가 수두룩합니다. 왜냐하면 자기 스스로 보기에도 자기 자신이 한심하기 때문입니다.

모름지기 천국 백성은 천국 백성된 모습이 실제 삶을 통하여 나타나야 합니다. 자기에게 정말로 천국에 대한 소망이 있으면, 천국에 대한 소망이 있는 모습이 지금 이 땅에서의 삶 속에서 나타나야 합니다.

학교에서 시험을 본다고 하면 시험에 대해서 걱정하는 모습이 있게 마련입니다. 그런데 그 모습이 획일적이지 않고 성적에 따라 조금씩 차이가 있습니다. 우등생들은 시험을 언제 보는지에 관계없이 꾸준히 공부하겠습니다만, 성적 수준에 따라서 닷새 전부터 공부하는 학생들도 있을 테고 하루나 이틀 전부터 공부하는 학생들도 있을 것입니다. 구체적으로 준비하는 모습은 다르지만 그래도 보통 때와 다른 모습이 있다는 사실만은 공통적입니다. 심지어는 공부를 안 하고 놀아도 말로는 걱정하면서 놉니다. 놀아도 학교에 남아서 놀고, 도서관에서 놉니다. 가방을 열어 보면 평소보다 많은 책이 들어 있게 마련입니다. 이 모든 것이 시험을 인식하고 있는 모습입니다.

　사도행전에 보면 스데반이 순교하는 얘기가 나옵니다. 유대인들이 스데반을 돌로 쳐죽이는데, 스데반은 전혀 그들을 원망하거나 불평하지 않습니다. 원망이나 불평이 아니라 오히려 "주여 이 죄를 저들에게 돌리지 마옵소서" 하고 기도했습니다. 잘못을 저지른 유대인들이 자기들의 죄를 뉘우쳐서 스데반이 그런 기도를 한 것이 아닙니다. 유대인들은 자기들이 죄를 범하고 있다는 자각도 없는데 스데반이 먼저 나서서 적극적으로 사죄의 은총을 구하고 있습니다.

　왜냐하면 스데반은 그때 하늘이 열리고 인자가 하나님 우편에 서신 것을 보았기 때문입니다. 지금 자기 눈에 보이고 있는 예수님을 이제 곧 만날 것입니다. 저들의 죄를 지금 빨리 용서해 주지 않으면 자기는 남을 용서하지 못한 한을 품은 채 예수님을 만나야 합니다. 스데반으로서는 지금이 저들을 용서해 줄 수 있는 마지막 기회였습니다. 그러니까 오히려 스데반이 더 아쉬운 입장이 되어서 저들의 용서를 구했던 것입니다.

　이와 유사한 예는 많습니다. 특히 전도를 해보면 누구나 경험할 수 있는데, 전도를 받는 입장에 있는 사람은 전혀 아쉽지 않고 전도를 하는 사람만 혼자 아쉽습니다. 가만히 내버려두면 지옥으로 굴러 떨어질 영혼이 불쌍해서 교회에 가자는 것인데, 어떻게 된 영문인지 교회에 따라가 줄지 말지를 거들먹거리면서 결정합니다. 별로 마음은 내키지 않지만 성의를 봐서 한 번 따라가 주는 경우를 왕왕 볼 수 있습니다. 실제로 저도 부흥회 참석할 테니 맛있는 것을 사 달라는 얘기도 들었었고,

성경 일독할 테니 선물을 사 달라는 얘기도 들었었습니다. 분명히 주객이 전도된 예입니다.

천국도 그렇습니다. 이미 천국 시민권을 확보한 사람이 그렇지 못한 사람보다 훨씬 더 아쉽습니다. 하나님 나라를 소망하는 정도가 크면 클수록 아쉬움도 크게 나타납니다.

지금 이 땅에 이루어진 천국은 완전한 천국이 아니라 불완전한 천국입니다. 천국의 궁극적인 완성은 주님의 재림으로 이루어집니다. 결국 오늘을 살아가는 우리에게는 주님의 재림에 대한 소망이 있어야 합니다. 이 소망이 크면 클수록 지금 자기가 하고 있는 신앙생활이 얼마나 귀하고 복된 것인지를 알 수 있습니다. 그리고 이 소망이 없으면 그만큼 신앙생활이 힘듭니다. 혹시 신앙생활을 하더라도 눈치를 보면서 자기에게 있는 최소한의 책임을 때우기에 급급하게 되고, 남과 비교하면서 자신의 게으름을 합리화 하게 됩니다.

성경에 보면 파수꾼이 아침을 기다리는 것보다 자신이 주의 나라를 더 기다린다는 말씀이 있습니다. 파수꾼이 아침을 기다리는 정도가 어느 정도인지를 제가 대학 2학년 때 실감했습니다. 지금은 없어졌습니다만 그때는 대학 1학년 때는 문무대에 입소해서 일주일간 병영교육을 받았고 2학년 때는 일주일간의 전방입소교육이 있었습니다. 전방입소교육의 중심 프로그램은 저녁 6시부터 아침 6시까지 12시간 동안 현역 군인들과 함께 실제로 경계 근무를 서는 것이었습니다. 군인도 아닌 학생의 신분으로 경비 초소에 들어가 12시간 동안 보초를 선다는 것은 보통 일이 아니었습니다. 저도 초소를 배정 받아서 낯모르는 군인과 더

불어 보초를 섰는데, 조금 시간이 지나니까 춥기도 하고 다리도 아프고 굉장히 힘들었습니다. 시계가 있어도 어두워서 시간을 볼 수 없는 상황이었습니다만 경계 근무를 설 때는 모든 금속성의 물건은 휴대가 금지되기 때문에 시계가 있지도 않았습니다. 어느 정도의 시간이 지났는지 도무지 감이 잡히지를 않았습니다.

머릿속에는 온통 언제면 끝나나 하는 생각뿐이었는데 하늘 한 쪽에서부터 불그스레한 빛이 감돌기 시작했습니다. 동서남북을 분간할 수는 없었지만 아마 그쪽이 동쪽이었을 것입니다. "야! 이제 해가 뜨는구나. 드디어 끝났다. 하마터면 다리 아파서 죽을 뻔했다." 하고 환희가 배어있는 안도의 한숨을 쉬는데, 해가 뜨는 것이 아니라 달이 뜨는 것이었습니다. 그때의 실망은 이루 다 말할 수 없습니다.

파수꾼이 아침을 기다리는 마음이 그런 마음입니다. 그런데 우리는 그보다 훨씬 더 갈급한 심정으로 우리에게서 천국이 이루어지는 날을 소망해야 합니다. 주님이 오셔서 주의 나라가 선포되는 것을 애타는 심정으로 기다려야 합니다.

"파수꾼이 아침을 기다림보다 내 영혼이 주를 더 기다리나니 참으로 파수꾼의 아침을 기다림보다 더 하도다"(시 130:6)

우리는 지금 살아가는 이 세상이 전부가 아니고 다음 세상이 있다는 사실을 알고 있는 사람들입니다. 하다못해 전철에서 빈자리가 생겨도 종점까지 가는 사람과 다음 정거장에서 내리는 사람의 마음이 다른 법입니다. 아직도 갈 길이 먼 사람은 조금 먼 곳에 빈자리가 생겨도 악착같이 찾아가서 앉지만 다음에 내릴 사람은 빈자리에 별로 욕심을 내지 않습니다. 마침 자기 앞에 빈자리가 생기면 몰라도 굳이 빈자리를 찾아

두리번거리지는 않습니다. 혹시 입고 있는 옷이 구겨질 것을 걱정해서 일부러 서서 가는 경우도 있습니다.

우리에게 그런 모습이 있어야 합니다. 빈자리에 앉아 잠시 다리를 쉬게 하는 것도 좋지만 그보다는 내릴 준비가 되어 있어야 합니다. 하물며 전철에서 살림이라도 차릴 것처럼 빈자리에 연연하는 모습은 보기에도 안 좋습니다. 우리에게는 이 세상이 전부가 아니라 다음 세상이 있습니다.

군대에서의 제대 말년은 상당히 편합니다. 감히 뭐라고 얘기하는 사람도 없고 어지간한 게으름은 다 눈감아 줍니다. 가만히 누워 있으면 밥도 갖다 주고 빨래도 알아서 해줍니다. 이등병이 보기에는 자기와 전혀 다른 세상에서 군대생활을 하는 사람 같습니다. 아무것도 불편한 것이나 부러운 것이 없는 것 같은데 사실은 그렇지 않습니다. 일주일만 있으면 제대하는 말년 병장도 예비군은 부럽습니다. 지금 자기 일과가 힘들어서 예비군이 부러운 것이 아닙니다. 단지 예비군이라는 이유만으로 부럽습니다. 군에서 보내는 생활이 아무리 편해도 제대 날짜는 기다려지는 법입니다.

천국을 소망하는 우리의 마음이 그래야 합니다. 제대 날짜를 기다리는 말년 병장의 심정으로 자기에게서 천국이 이루어지는 것을 사모해야 합니다.

뜻이 하늘에서 이룬 것같이
땅에서도 이루어지이다

사람들은 마치 자기 뜻을 하늘에서 이루어지게 하는 것이 기도인 줄 알고 간절히 기도하는 경향이 있습니다. 하지만 그것은 기도의 본질이 아닙니다. 사람의 뜻을 하늘에서 이루는 것이 아니라 기도를 통하여 하늘의 뜻이 자기에게서 이루어지게 해야 합니다. 그리고 주기도문을 통하여 이 내용을 자기 스스로에게 다짐해야 합니다. 앞에서 "나라이 임하옵시며"라고 기도했는데, 하나님의 뜻이 하늘에서 이룬 것처럼 땅에서도 이루어지면 하나님의 나라는 저절로 임하게 됩니다.

세상에서 살다보면 다른 사람의 계획이나 목표에 대한 얘기를 듣게 되는 경우가 있습니다. 그러면 아무런 부담 없이 그 계획이나 목표를 격려해 줄 수 있습니다. 방학을 이용해서 운전 면허를 딸 예정이라고 하면, 열심히 해서 꼭 합격하라고 하면 됩니다. 주말에 미팅 나가는데 킹카가 걸렸으면 좋겠다는 친구에게도 마음먹은 대로 되기를 바란다는 얘기를 얼마든지 할 수 있습니다.

하지만 그 친구의 계획에 자기도 포함되어 있는 경우에는 함부로 말을 할 수 없습니다. "이번 주말에 뭐할 거야?" 하고 물었을 때, 상대방이 "글쎄, 너하고 같이 영화를 봤으면 좋겠는데…" 하고 대답하면, 그 다음 말에는 자기의 의사가 표현되어야 합니다. 같이 영화를 볼 마음도 없으면서 "야! 그거 좋은 생각이다." 할 수는 없습니다. 자기도 영화를 볼 마음이 있어야 비로소 그 친구의 계획에 찬동할 자격이 생기는 것입니다.

뜻이 하늘에서 이룬 것처럼 땅에서도 이루어지기를 바라는 기도를 하는 것도 그렇습니다. 하나님의 뜻이 땅에서 이루어지도록 하기 위해서는 자기가 하나님의 뜻에 복종할 의사가 있어야 이런 기도를 할 수 있습니다.

"군인" 그러면 가장 먼저 어떤 군인이 연상되십니까? 공군으로 군복무를 마친 사람들은 공군을 연상할 테고, 해군으로 군복무를 마친 사람들은 해군을 연상할 것입니다만 아무래도 육군을 연상하는 것이 보편적입니다. 물론 가지고 있는 전투력을 기준으로 육군이 가장 막강하다는 뜻은 아닙니다. 비행기 한 대가 갖는 화력을 탱크 몇 십대가 감당하지 못합니다. 비행기로 폭격을 가하는 것은 실로 엄청난 위력을 발휘합니다. 또 군함에서 함포 사격을 하는 것도 그렇습니다. 하지만 공중에서 폭격을 하고 배에서 함포 사격을 해서 적의 진지를 완전히 쑥밭으로 만들었다고 해도 그것으로 그곳이 아군의 땅이 되는 것은 아닙니다. 적군이 궤멸된 그 곳이 정식으로 자기들의 점령지가 되려면 육군이 가서 깃발을 꽂아야 합니다. 보병들의 전투화 발자국이 찍혀야 비로소 아군

영토가 됩니다. 상대방을 무력화시키기만 하면 되는 것이 아니라 자기들이 실제로 점령을 해야 합니다.

하나님의 뜻이 이루어지는 것도 그렇습니다. 하나님께서 친히 마귀의 권세를 결박하는 것으로 하나님의 뜻이 이루어지는 것이 아니라 우리가 하나님의 뜻에 복종을 해야 비로소 하나님의 뜻이 이루어집니다. 최소한 "주님, 저는 하나님의 뜻에 복종하겠습니다" 하는 마음이 있어야 "뜻이 하늘에서 이룬 것같이 땅에서도 이루어지이다" 하는 기도를 할 자격이 있습니다.

얼마 전에 친구들과 식사를 하는데 식탁 위에 올라온 생선 이름을 누군가가 물었습니다. 제가 식별할 수 있는 생선은 고작해야 갈치와 멸치 정도입니다만, 장난기가 발동해서 엉뚱한 답을 했습니다. "글쎄, 잘 모르겠는데… 일단 무슨 생선인지, 확실하게 아닌 것을 계속 빼다 보면 무슨 생선인지 나오지 않을까? 갈치 아니고, 멸치 아니고, 동태 아니고, 상어 아니고, 고등어 아니고…."

물론 그런 식으로 생선 이름을 알 수는 없습니다. 단지 농담이었습니다. 하지만 하나님의 뜻을 이루는 것은 그렇지 않습니다. 하나님의 뜻이 이 땅에서 이루어지게 하기 위해서는 하나님의 뜻이 아닌 것이 이루어지지 않으면 됩니다. 하나님의 뜻에 반대되는 것을 제거하면 됩니다. 그러면 하나님의 뜻에 반대되는 것이 누구의 뜻이겠습니까?

사람들은 흔히 마귀의 뜻과 사단의 뜻을 하나님의 뜻과 반대되는 뜻으로 생각합니다. 하지만 그렇지 않습니다. 하나님의 뜻과 정면으로 반대되는 뜻은 마귀의 뜻이나 사단의 뜻이 아니라 바로 우리의 뜻이고 자기 자신의 뜻입니다. 예수님께서도 "내 뜻대로 마옵시고 아버지의 원대로 되어지기를 바라나이다" 하고 기도했습니다. 우리 예수님조차도 자기 뜻대로가 아니라 하나님의 뜻대로 되어야 비로소 이 땅에 하나님의 뜻이 이루어진다는 사실을 알고 있었습니다. 하물며 우리는 말할 것도 없습니다. 적어도 이 땅에서 우리의 뜻이 이루어지고 있는 동안에는 하나님의 뜻은 이루어지지 않습니다.

사실 마귀의 뜻이 하나님의 뜻과 반대라고 하면 마귀의 유혹에 넘어갈 사람은 아무도 없을 것입니다.

얼마 전에 저의 애가 포스터를 그린 것을 보았습니다. 두 아이가 어깨동무한 그림을 그리고 그 밑에 "남한과 북한은 한민족 한겨레"라고 썼습니다. 그 그림을 보면서 세상이 참 많이 변했음을 느꼈습니다. 제가 초등학교에 다니던 시절에는 상상도 못하던 내용이었습니다. 그때만 해도 반공포스터 그리기 대회가 연례 행사로 열리던 때였는데, 그 당시의 반공포스터에 보면 북한 사람은 전부 다 시뻘건 얼굴에 뿔이 나 있고 드라큐라 이빨에 늑대 귀를 가진 모습이었습니다.

중학교 때 북한에서 넘어온 귀순용사의 강연을 들을 기회가 있었는데, 놀랍게도 우리와 똑같이 생긴 사람이었습니다. 책에 실린 그림이나 포스터에는 언제나 괴물 같은 모습이었는데 전혀 그렇지 않았습니다. 사실 북한 사람들이라고 해서 남한 사람과 다르게 생겼다면 간첩 식별 요령이 따로 필요 없을 것입니다. 하지만 이것은 어느 정도 철이 든 다음에야 깨달은 사실이고 어린 시절의 제 머리 속에 있는 간첩은 언제나 반인반수(半人半獸)였습니다. 그만큼 세뇌되어 있었던 것입니다.

마귀들이 바로 그렇습니다. 쉽게 식별된다면 누가 거기에 넘어가겠습니까? 하나님의 뜻과 반대편에 있는 뜻은 마귀 뜻이 아니라 자기 뜻입니다. 자기 뜻이 나타나고 있는 동안에는 하나님의 뜻은 천상 유보되어야 합니다.

요컨대 우리는 자기 뜻대로 되는 것이 좋은지, 하나님의 뜻대로 되는 것이 좋은지에 대한 판단이 있어야 하고, 더 나아가서는 어떤 것이 하나님의 뜻인지 분별할 수 있는 식견이 있어야 합니다.

사실 자기 뜻대로 되는 것이 당장은 좋게 보일지 몰라도 결국 자기에게도 안 좋습니다. 여러분 주변에 여러분 뜻대로 해서 여러분에게 궁극적으로 유익했던 것이 무엇이 있습니까? 가령 아침에 일어나는 문제는 어떻습니까? 혹시 자명종은 6시에 맞춰 놓고 실제로 일어나기는 9시에 일어나지 않습니까? 그럼 6시에 일어나는 것은 시계 뜻이었고 9시에 일어난 것은 자기 뜻이었다는 얘기인데, 어느 쪽이 자기에게 유익입니까?

자기가 하고 싶은 대로 해서 자기에게 유익한 것이 없습니다. 왜냐하면 우리 인간의 자연스런 욕구는 언제나 하나님과 반대편이기 때문입니다. 사람들은 자기에게 진짜 유익한 것이 무엇인지를 모르고 자기가 하고 싶은 일을 합니다. 문제는 자기가 하고 싶은 일을 결정하는 논리적인 기준이 바로 인간의 죄성이더라는 사실입니다. 우리는 언제나 죄를 근거로 해서 자기가 하고 싶은 것을 하니까, 할 때는 몰라도 지나고 보면 언제나 손해와 후회밖에 남는 것이 없습니다.

전자오락이 왜 나쁩니까? 물론 전자오락이 나쁘다는 사실에 대해서 모든 사람이 다 동의하는 것은 아닙니다. 하지만 전자오락이 나쁘다고 얘기하는 사람은 수도 없이 많은데 좋다고 얘기하는 사람은 없습니다.

스트레스 해소가 어떻고, 두뇌 개발이 어떻고 하면서 전자오락의 유용성을 얘기하는 경우가 있기는 하지만 이 얘기는 중립적인 견해가 아니라 이미 전자오락을 하고 있는 상황에서 조금이라도 자기의 행위를 합리화시키기 위해서 하는 얘기들입니다.

학생들에게 전자오락이 나쁜 단적인 이유는, 그것을 하고 있는 동안에는 공부를 할 수 없어서 그렇습니다. 전자파가 어떻고, 중독성이 어떻고, 내용의 폭력성이 어떻고 하는 얘기는 부차적인 것들입니다. 당구도 마찬가지입니다. 학생 때 당구를 치는 것이 왜 해로우냐 하면, 당구를 치는 동안에는 공부를 못해서 그렇습니다.

전자오락을 한 시간 했으면 하루 스물네 시간에서 스물세 시간밖에 안 남게 됩니다. 전자오락을 한 시간 했음에도 불구하고 나머지가 그대로 스물네 시간이면 고려의 여지가 있을지 모르겠습니다만 그런 법은 없습니다. 전자오락을 하면서 허비한 시간만큼 자기의 생활에서 마이너스입니다.

공부를 열심히 하기 위해서는 일단 공부에 방해되는 것을 하지 말아야 합니다. 전자오락을 하지 말아야 하고, 늦잠을 자지 말아야 하고, 여자 친구 만나러 돌아다니지 말아야 합니다. 전자오락이나 늦잠이나 여자 친구를 만나는 것 자체에는 나쁠 것이 없을지 몰라도 그것을 하고 있는 동안에는 그것보다 더 중요한 다른 것을 못하게 됩니다. 지금까지의 자기 습관을 그대로 유지하면서는 그보다 더 요긴한 일을 할 수가 없습니다. 마찬가지로 자기 뜻이 이루어지고 있는 동안에는 하나님의 뜻이 성취되지 않습니다.

선악과를 먹으면 왜 죽습니까? 선악과 자체에 독이 있었다고 생각되지는 않습니다. 성경에는 없는 얘기입니다만 아마 에덴동산에 있는 까치는 선악과를 쪼아먹었어도 멀쩡했을 것입니다. 선악과에 독이 있어서 그것을 먹으면 죽는 것이 아니라 하나님께서 하지 말라고 하신 것을 했기 때문에 죽는 것입니다.

우리에게 있는 문제는 우리의 판단 근거가 하나님의 뜻이 아니라 항상 자기 뜻이라는 사실입니다. 그리고 이것을 고치는 것이 그렇게 쉽지가 않습니다. 왜냐하면 뿌리깊은 타성이기 때문입니다.

우리는 지금 수련회 중입니다. 여기에 도착한 첫 날 각자 수련회 기간 동안 불리고 싶은 자기의 별명을 정했습니다. 누군가가 실수로 본명을 부르게 되면 그 사람은 설거지를 하기로 벌칙도 정했습니다. 그래서 어떻게 되었습니까? 전부 다 별명을 부르고 있습니까? 아마 쉽지 않을 것입니다. 수련회 기간 동안 별명으로만 부르기로 했다는 사실을 이성으로는 인식하고 있어도 엉겁결에 나오는 것은 언제나 우리가 지금까지 부르던 본명입니다. 왜냐하면 별명은 엊그제야 부르기로 정한 것이고 본명은 혀에 배어 있는 것이어서 그렇습니다. 우리에게서 나오는 것은 언제나 우리에게 배어 있는 것입니다. 그리고 우리에게 배어 있는 것은 하나님께 속한 것이 아니라 우리 육신에 속한 것입니다.

특히 여기에는 심각한 문제가 있습니다. 자기 생각에는 언제나 자기가 옳다고 여겨진다는 사실입니다. 하나님 보시기에 옳아야 진짜 옳은 것인데, 옳고 그른 것을 자기가 판단하고는 그것이 하나님 보시기에 옳은 것이라고 고집합니다. 혹시 어쩌다가 자기가 틀린 것을 인정해도, 그 경우에는 언제나 잘못에 대한 상대주의가 개입합니다. "그래도 저 사람보다는 낫다", "난 그래도 이 정도면 잘하는 것이다" 하는 식입니다.

성경에 보면 어린아이 같아야 천국에 간다는 말씀이 있습니다. 이 말씀은 상당히 자주 오해되는 말씀 중의 하나입니다. 마치 어린아이같이 순진해야 천국에 간다는 얘기로 받아들이는 경우를 여러 번 봤습니다. 만일 그렇다면 어린아이들이 철들기 전에 죽으면 전부 다 구원 얻는다는 얘기인데 그럴 수는 없습니다. 구원 문제에 관한 한 예수가 아닌 다른 경로가 있을 수 없습니다. 천국은 순진하면 가는 곳이 아니라 예수를 믿어서 가는 곳입니다.

우선 어린아이들은 순진하다는 것부터가 어른들의 착각입니다. 사람은 본래 죄인입니다. 그 성품이 악합니다. 어렸을 때는 하나님 편이었다가 자라면서 점차 마귀 편이 되는 것이 아니라 태어날 때부터 본래 진노의 자식이었습니다. 어린아이나 어른이나 똑같이 악질인데 어렸을 때는 악을 행할 힘이 미약합니다. 그래서 악을 행해도 규모가 작습니다. 어른들끼리 싸우면 이빨이 부러지는데 애들은 코피만 나면 싸움을 멈춥니다. 어린애는 어머니 지갑에서 돈을 훔쳐도 십만 원짜리 수표나 만 원짜리를 집어 가지 않고 천 원짜리를 집어 갑니다. 이런 것을 놓고 순진하다고 합니다. 팔이 안으로 굽는 것처럼 일단 예뻐 보이니까 하는 짓까지 예쁘게 봐줘서 순진하다고 하는 것입니다. 싸움을 배우는 것은 고사하고 구경도 안 해본 두 살 난 애들이 우유병을 놓고 싸우는 것을 보면 애들이 순진하지 않다는 사실을 알 수 있을 것입니다.

어린아이 같아야 천국 간다는 얘기는 순진함에 포인트가 있는 것이 아니라 판단 근거가 자기에게 있지 않다는 사실에 포인트가 있습니다.

얼마 전에 용산 가족 공원에 갔다가 어느 유치원에서 소풍 나온 아이들을 보았습니다. 유치원 꼬마들이 둘씩 손을 잡고 선생님을 따라 가고 있었습니다. 그 꼬마들이 왜 둘씩 짝지어서 손을 잡고 가겠습니까? 보나마나 선생님이 시켰을 것입니다. 행여 한 명이라도 길을 잃어버리면 안 되니까 둘씩 짝을 지으라고 하고는 손을 잡게 했을 것입니다.

그 아이들에게는 다른 이유가 필요 없습니다. 선생님이 손을 잡으라고 말을 했다는 이유만으로 그것이 곧 법입니다. 왜 잡아야 하는지 궁금하지도 않고, 선생님이 잡으라고 했다고 해서 과연 꼭 잡아야 하는지에 대한 자기 의견도 없습니다. 아무리 보기 싫은 짝꿍이 걸려도 "선생님이 잡으라고 했잖아!" 한 마디면 족합니다.

그런데 중학생이나 고등학생만 되어도 그런 말은 듣지 않습니다. 왜 손을 잡아야 하는지에 대해서 논리적으로 수긍이 되지 않으면 굳이 손을 잡으려고 하지 않습니다. 판단의 근거가 선생님에서 자기에게로 넘어온 것입니다.

물론 주체적인 생각을 갖는 것이 나쁘다는 얘기는 아닙니다. 무조건 부화뇌동하는 것보다는 자기 의견을 논리정연하게 발표할 수 있는 능력을 요구하는 것이 현대 사회의 흐름입니다. 그러니 스스로 판단해서 주체적인 결정을 내릴 수도 있습니다. 또 나이가 들수록 당연히 그렇게 해야 합니다. 언제나 피동적인 자리에 머물러 있을 수는 없습니다.

요컨대 주체적인 생각이 있다는 사실 자체가 문제가 아니라 그 주체적인 생각이 틀렸다는 사실이 문제입니다. 틀린데다가 고집까지 있어서 여간해서는 고치려 들지도 않습니다.

사실 자기 생각이 전혀 없는 상태에서 다른 사람의 의견을 따르는 것이라면 몰라도 자기 생각이 있는 상태에서 다른 사람의 의견을 따르는 것은 쉽지 않습니다.

친구와 둘이 중국집에 갔습니다. 같이 간 친구가 아무 거나 먹겠다고 하면 "자장면 둘!" 하고 시켜도 별 문제가 없습니다. 하지만 애초부터 짬뽕이 먹고 싶어서 중국집을 찾은 친구에게 자장면을 먹이려면 애기가 복잡해집니다.

우리가 그렇습니다. 우리 생각은 전혀 없는 진공상태에서 하나님께서 "이건 이렇게 하고 저건 저렇게 하라" 하시는 것이 아닙니다. 이미 우리에게는 확고한 우리 생각이 있습니다. 나는 이것을 하고 싶은데 하나님께서는 한사코 저것을 하라고 말씀하십니다.

데이트 약속이 있어서 이제나 저제나 퇴근 시간만 기다리고 있는데 난데없이 야근해야 한다는 말을 들으면 어떻게 해야 합니까? 집에 가봐야 기다리는 사람도 없고 보일러도 들어오지 않는 썰렁한 빈방에서 처량하게 라면을 끓여 먹어야 하는 사람이라면 혼자 연탄불을 피우고 라면을 끓이며 청승을 떨기보다는 야근을 구실로 회사에서 저녁을 해결하는 것이 훨씬 더 편할 것입니다. 하지만 이미 약속 장소와 시간이 정해져 있는 사람은 입장이 다릅니다. 그리고 이 두 경우에 있어서 회사 사장이 보기에 누가 더 회사에 열심이 있어 보이는지는 자명한 일입니다.

이처럼 자기 뜻을 포기하고 하나님의 뜻을 수용하는 것은 말처럼 쉬운 일이 아닙니다. 그런데 어려운 일이라고 말하면 사람들의 생각이 고약한 쪽으로 변질됩니다. 어려운 일이니까 이를 악물고 정신을 바짝 차려서 결국 해내야 하는 쪽으로 생각을 다지는 것이 아니라, 할 수 있으면 다행이지만 못해도 그만인 것으로 짐짓 도망갈 준비부터 합니다.

"만일 네 오른눈이 너로 실족케 하거든 빼어 내버리라 네 백체 중 하나가 없어지고 온몸이 지옥에 던지우지 않는 것이 유익하며 또한 만일 네 오른손이 너로 실족케 하거든 찍어 내버리라 네 백체 중 하나가 없어지고 온몸이 지옥에 던지우지 않는 것이 유익하니라"(마 5:29~30)

하나님의 뜻에 합당하게 살아가려면 눈을 뽑아내고 한 쪽 팔을 찍어 내면서라도 하나님께서 싫어하시는 일만은 결단코 하지 않겠노라는 비장한 각오가 있어야 합니다.

고등학생들 중에 영어나 수학을 포기하고 자기가 가고 싶어하는 대학에 가는 방법은 없습니다. 그런데 말들을 그렇게 합니다. 영어, 수학은 기초가 없으니까 포기하고 일반 과목에서 점수를 딴다고들 합니다. 물론 그렇게 하는 것도 나름대로의 방법이 될 수는 있습니다. 하지만 그런 식으로 공부해서도 갈 수 있는 대학이라면 보나마나 시시한 대학일 것입니다.

우리가 신앙생활을 하는 것도 그렇습니다. 어려운 것이라고 해서 그것을 빼고 다른 것으로 하는 것이 아니라 어려움에도 불구하고 악착같이 해야 합니다. 그런데 어렵다는 이유로 자신의 당연한 책임을 회피하는 정도가 아니라 그러한 게으름을 적당히 합리화 하는 그럴듯한 논리까지 구구절절이 만드는 것이 우리의 신앙 현실입니다.

"교회에서 봉사를 해도 마음에 기쁨이 없다. 순전히 책임 때문에 마지못해서 하고 있다. 이렇게 억지로 하는 것은 하나님 보시기에 옳지 않다. 기쁨이 생길 때까지 봉사 안 한다.", "예배를 드려도 감격이 없다. 자원하는 심령으로 예배를 드려야 하는데 어떻게 된 영문인지 억지 예배를 드리고 있다. 이것은 하나님 보시기에 옳지 않다. 차라리 예배를 안 드리는 것이 떳떳한 일이다." 이런 얘기는 교회에서 흔히 들을 수 있는 말들입니다. 공부하기 싫어도 억지로 책상에 앉아 있는 것을 위선이라고 하는 사람은 없습니다. 그것은 위선이 아니라 그만큼 철이 든 것입니다. 놀고 싶다고 해서 공부하다 말고 벌떡 일어나서 노는 것을 솔직하다고 하지 않고 철이 없다고 합니다.

어떻게 된 영문인지 교회만 오면 전부 다 아이큐가 평소의 절반으로 줄어듭니다. 사회 생활을 하거나 학교 생활을 할 때는 하기 싫은 것도 억지로 인내하고, 하고 싶은 것도 절제해야 한다는 것을 알면서 교회에만 오면 이 간단한 사실을 망각합니다. 위선과 절제를 구분하지 못하고, 방종과 솔직을 구분하지 못합니다. 단언하건대 누군가에게 속고 있습니다. 선악과를 따먹어도 죽지 않는다고 하와를 유혹했던 그 달콤한 음성에 감쪽같이 속아서 자기가 틀린 줄도 모르고 떳떳하게 자기의 틀린 부분을 자랑하는 사람들을 보면 참 안타깝습니다.

애가 하루 종일 컴퓨터 앞에 앉아서 전자오락을 하면 어머니가 뭐라고 하겠습니까? 당연히 나무랄 것입니다. 어머니가 "야, 오락 그만 하고 공부 좀 해라." 했는데, 아이는 "예" 한 것이 아니라 "알았어요. 이것만 하고요."라고 대답했습니다. 그 말을 들은 어머니는 당연히 조금만 있으면 공부를 시작할 줄로 알았는데, 어떻게 된 영문인지 한 시간이 넘게 소식이 없습니다. 그래서 다시 묻습니다.

"야, 너 공부 안 하고 뭐 해?"

"아직 안 죽었단 말야!"

날이면 날마다 전자오락을 했으니 얼마나 잘하는지 도무지 게임이 끝나지를 않습니다. 공부를 하려면 하던 전자오락을 마저 끝내고 하는 것이 아니라 하던 것을 지금 당장 멈추고 해야 합니다. 하고 싶다고 해서 하던 것을 마저 하면 공부할 시간이 남지 않습니다.

우리도 마찬가지입니다. 지금 당장 마음 속에 있는 자기 뜻을 접어놓고 하나님께 순종해야 합니다. 꾸물대면 순종할 기회가 없어집니다.

초대교회 당시에는 예수를 믿는다는 이유로 죽음을 당하는 것이 흔한 일이었습니다. 처형 방법은 상당히 다양했는데, 그 중의 하나가 사자 밥이 되게 하는 것이었습니다. 굶주린 사자가 으르렁대는데 무섭지 않은 사람은 없습니다. 그렇다고 해서 신앙을 보류할 수도 없습니다. 지금은 사자가 무서우니까 일단 순교를 보류했다가 가서 더 열심히 신앙생활을 해서 사자가 무서워지지 않을 만한 수준으로 신앙을 쌓은 다음에 순교를 하는 법은 없습니다.

사도행전이 기록될 당시의 초대교회는 성령의 역사가 상당히 강하게 나타났던 시대입니다. 사도들은 모두 성령이 충만했습니다. 하지만 그렇다고 해서 채찍에 맞아도 아무렇지도 않은 것은 아닙니다. 성령이 충만해도 채찍에 맞으면 아픕니다. 우리 주님도 채찍에 맞았을 때는 아팠습니다.

그런데 우리는 자꾸 착각을 합니다. 신앙이 있으면 채찍에 맞아도 채찍이 도로 퉁겨 나가야 하는 줄 아는데 막상 맞아 보면 아픕니다. 그러면 자기 신앙은 가짜인 줄 알고 거짓 웃음을 웃는 사람을 부러워합니다. 아파도 참으면서 인내하는 것이 신앙인데, 아무리 채찍에 맞아도 아프지 않는 경지가 되어야 신앙인 줄 알고 짐짓 자기 신앙을 포기하는 것입니다. 교회 봉사를 하다가 힘든 일이 있으면 힘들다는 이유로 기꺼이 자기 책임을 외면하는 것과 같은 맥락입니다.

요컨대 자기 뜻이 이루어지고 있는 동안에는 하나님의 뜻이 보류되게 마련입니다. 자기 생각에 옳아 보이는 일을 하는 동안에는 하나님 생각이 설 자리가 없게 됩니다.

그런데 실제로 살아 보면 어떤 것이 하나님의 뜻인지 분별하기가 쉽지 않습니다. 이렇게 하는 것이 하나님의 뜻인지, 저렇게 하는 것이 하나님의 뜻인지 분간하기가 어렵습니다. 그 경우에는 자기가 손해보는 쪽을 택할 것을 권합니다. 자기가 손해를 보면 누군가가 그만큼 이익을 볼 것이기 때문입니다. 자기의 이익에 관심을 갖고 자기가 이롭고자 하는 순간에는 그만큼 하나님의 뜻이 손상받습니다. 자기가 손해보는 쪽을 택하면 그만큼 하나님의 뜻이 어디에선가 이루어질 것입니다. 하나님의 뜻이 이루어지기를 원한다고 하면서 자기 희생을 주저한다면 그것은 거짓말입니다.

교회에서 흔히 쓰는 단어 중에 "예배"라는 단어가 있습니다. 그런데 구약성경에는 예배라는 단어가 한 차례도 나오지 않습니다. "예배"라는 단어가 나올 만한 자리마다 경배나 제사, 희생이 나옵니다. 특히 예배드리는 것을 희생을 드린다고 표현하는 것에 유의할 필요가 있습니다. 우리가 하나님께 나아올 적에는 자기 희생이 있어야 합니다. 자기를 부인하는 요소가 수반되어야 합니다.

사실 저는 교회에서 "희생"이라는 단어를 쓰는 사실에 대해서 상당한 유감을 갖고 있는 사람입니다. 우리가 신앙생활을 하는 것을 왜 굳이 "희생"이라는 단어로 설명해야 합니까? "주를 위해서 희생한다"는 표현은 옳지 않은 표현입니다. 왜냐하면 그것은 엄밀한 의미에서 손해가 아니라 특권이기 때문입니다. 그런데 전부 다 세속적인 안목에 젖어 있으니까 그것이 희생으로 보이는 것입니다.

애인에게 줄 생일 선물을 장만하느라고 5만 원을 지출하면서 "희생"이라고 하는 사람은 없습니다. 애인 없는 사람들을 모아 놓고 "쓸데없이 다른 사람들에게 없는 애인이 있는 바람에 없는 살림에 돈만 축난다."는 얘기를 했다가는, 없는 것도 서러운데 누구 놀리느냐는 비난을 받을 것입니다. 그것은 희생이 아니라 기쁨이고 자랑입니다.

그런데 우리가 하나님께 나아오는 것은 왜 희생이 됩니까? 왜냐하면 그것을 하기 싫은 본성이 있기 때문입니다. 우리의 욕심과 목표가 언제나 세속적인 것에 있다 보니까 거기에서부터 잠깐 시선을 돌려서 올바른 쪽을 바라보는 것조차도 손해로 생각되고 희생으로 여겨지는 것입니다.

예수를 믿어도 부담 없이 믿으려는 사람이 참 많습니다. 공부에 부담을 갖지 않으려는 학생치고 공부 잘하는 학생은 없는 법입니다. 학생에게 있어서 공부는 당연히 부담이 되어야 합니다. 특히 대입을 앞둔 고3 수험생이면 말할 것도 없습니다. 그런데도 악착같이 부담을 갖지 않으려는 학생은 대학은 엄두도 못 내고 그저 고등학교만 무사히 졸업하면 그것으로 감지덕지할 학생입니다.

설교 시간을 지루하지 않게 보낼 수 있는 가장 좋은 방법은 설교에 몰두하는 방법입니다. 설교가 지루하다고 해서 마음 속으로 딴 생각을 하다 보면 30분 설교가 3시간으로 느껴집니다. 끝날 때쯤 되었다 싶어서 시간을 보면 겨우 3분 지나 있습니다.

마찬가지로 부담 없이 예수를 믿으려고 하면, 그 부담 없이 믿고자 하는 마음이 오히려 부담이 됩니다. 반대로 부담을 기꺼이 감수하면 부담이 없어집니다.

"수고하고 무거운 짐 진 자들아 다 내게로 오라 내가 너희를 쉬게 하리라" 하는 말씀은 전도지에서 흔히 볼 수 있는 상당히 유명한 말씀입니다. 교회 다니지 않는 사람들도 귀 너머로 서너 번씩은 들어보았을 말씀입니다. 그러면 이 말씀 다음에는 어떤 내용이 나와야 하겠습니까? "수고하고 무거운 짐 진 자들아 다 내게로 오라 내가 너희를 쉬게 하리라" 했으니까, 그 다음에는 "너희의 모든 짐을 내가 다 대신 져 주마" 하는 내용이 나와야 하지 않겠습니까? 그런데 성경에는 그렇게 되어 있지 않습니다.

"수고하고 무거운 짐 진 자들아 다 내게로 오라 내가 너희를 쉬게 하리라 나는 마음이 온유하고 겸손하니 나의 멍에를 메고 내게 배우라 그러면 너희 마음이 쉼을 얻으리니 이는 내 멍에는 쉽고 내 짐은 가벼움이라 하시니라"(마 11:28~30)

짐을 대신 져 준다는 얘기가 있는 것이 아니라 전혀 엉뚱한 얘기가 있습니다. 오히려 멍에를 메라고 되어 있습니다. 짐을 제대로 지는 법을 배우라는 얘기입니다. 바로 이것이 수고하고 무거운 짐 진 자들이 진정 안식을 얻는 비결입니다. 우리의 짐을 들고 예수님께로 나오면 예수님이 다 책임져 주시고 우리는 두 다리 쭉 뻗고 낮잠을 즐길 수 있는 것이 아니라 우리의 짐 위에 짐보따리 하나를 더 올려 주십니다. 그렇게 본격적으로 짐을 지면 이전에 있던 짐의 무게조차도 가벼워진다는 역설입니다.

주님의 뜻은 책을 통해서나 명상을 통해서 배우는 것이 아닙니다. 기도를 통해서 배우는 것도 아닙니다. 멍에를 메고 직접 몸으로 부대끼면서 배우는 것입니다. 기도를 열심히 해서 자기가 메어야 할 멍에를 때우는 것이 신앙이 아니라 누가 멍에를 잘 메느냐 하는 것이 신앙입니다.

주님의 뜻을 거역하면서 하나님의 이름이 거룩해지기를 바랄 수 없고, 주님의 뜻에 순종하지 않으면서 하나님의 나라가 임하기를 소원할 수 없습니다. 하나님의 이름이 거룩해지고 하나님의 나라가 임하기를 바란다면 자기가 죽어야 합니다. 날마다 죽어야 합니다. 어쩌다 한 번 모질게 마음먹고 죽는 것이 아니라 죽는 것이 일상사가 되어야 합니다.

사람들은 흔히 성경에 나오는 인물은 무조건 신앙 영웅인 것으로 착각하는 경향이 있습니다. 우리 같은 보통 사람과는 비교도 안될 만큼 신앙이 좋아서 그 어떤 어려움이 있어도 조금도 흔들리지 않고 늘 찬송하면서 감사하는 마음으로 자기의 맡은 일을 넉넉하게 수행한 것으로 생각합니다. 하지만 성경에는 그런 기록이 전혀 없습니다.

예를 들면 바울은 신약성경의 1/3을 기록한 신앙 위인입니다. 세계 역사에 보면 기독교가 예수에 의해서 시작되기는 했지만 세계적인 종교로 성장한 것은 탁월한 종교가인 바울의 역할이었다고 기록될 정도입니다. 그는 분명한 신앙 위인입니다. 하지만 그가 한 얘기 중에 "내가 내 몸을 쳐 복종하게 함은 내가 남에게 전파한 후에 자기가 도리어 버림이 될까 두려워함이로라"(고전 9:27)는 얘기가 있습니다. 그는 자원하는 마음으로 감사하면서 하나님의 사역을 감당한 것이 아니라 하기 싫은 공부를 억지로 하듯이, 하기 싫어하는 자기 육체를 자기 스스로 쳐서 자신을 복종시켰다고 술회하고 있습니다. 사실은 바울도 힘들어 하면서 가까스로 그 일을 한 것입니다.

요즘도 그런 학생이 있는지 모르겠습니다. 제가 학교에 다닐 적에는 겨울철이면 의자에 앉은 채 의자의 등걸이 위로 외투를 입고 공부하는 학생들이 있었습니다. 그러면 의자와 자기가 묶여 있기 때문에 일어날 때마다 외투를 벗어야 합니다. 옷을 다시 벗고 입는 것이 귀찮아서라도 화장실에 가는 횟수를 두 번에서 한 번으로 줄이게 됩니다.

특이한 사실은 성적이 별로 신통하지 못한 학생들은 그렇게 하지 않는데, 주로 공부를 잘하는 학생들이 그런 번거로운 일을 하더라는 것입니다. 공부를 못하는 학생들은 아무 때나 무료하면 일어나고, 졸립다는 핑계로 두 시간씩 바람을 쐬는데, 공부를 잘하는 학생들은 자기가 일어나고 싶어도 마음대로 일어날 수 없게 자기 몸을 묶어서 공부를 하곤 했던 것을 지금도 기억합니다.

영어를 잘하는 학생들은 한 시간에 영어책 열 페이지는 공부할 수 있습니다. 그런데 영어를 못하는 학생들은 한 시간에 반 페이지도 제대로 공부하지 못합니다. 영어를 못하는 학생들은 일단 단어부터 외워야 합니다. 영어 공부한답시고 하루 종일 단어만 외우는 애들은 보나마나 영어 못하는 애들입니다. 그러다 보니 같은 시간을 공부해도 공부 잘하는 학생들이 못하는 학생보다 훨씬 더 능률적입니다. 그래서 공부를 잘하는 학생과 못하는 학생의 격차는 더욱 벌어지게 됩니다. 일종의 부익부 빈익빈인데, 신앙에 있어서도 같은 원리가 적용됩니다.

일주일에 주일낮예배에 한 번만 참석하는 사람보다는 저녁예배, 수요예배, 철야예배 전부 다 참석하는 사람이 일단 신앙이 좋을 확률이 많습니다. 또 예배 참석 빈도가 많은 만큼 은혜를 받을 확률도 많습니다. 결국 두 사람의 신앙의 격차는 점점 더 크게 나타날 것입니다. 성경을 읽는 것도 그렇고, 기도를 하는 것도 그렇고, 모든 것이 그렇습니다. 신앙이 있는 사람은 지금 가지고 있는 신앙을 토대로 더 많은 신앙을 쌓을 수 있는 반면, 있는 신앙을 챙기기에 급급한 사람은 언제나 그 모양일 수밖에 없습니다.

약도를 가지고서 모르는 길을 찾아가 본 경험이 있을 것입니다. 이때 가고자 하는 목적지의 정확한 위치는 몰라도 그 근처에 아는 건물이 있으면 더 쉬울 것입니다. 목적지와 가까운 곳을 알면 알수록 그만큼 유리합니다. 잠실야구장 근처를 전혀 모르는 사람이 잠실야구장의 위치를 설명 듣는 것보다 올림픽도로나 무역센타를 아는 사람이 설명을 듣는 것이 훨씬 더 쉽게 마련입니다. 뭔가를 알면 아는 만큼 편리하고, 반대로 모르면 모르는 만큼 힘이 듭니다.

하나님의 뜻에 대한 분별도 그렇습니다. 하나라도 더 알면 아는 만큼 자기에게 유익이 있습니다. 모르면 모르는 만큼 손해입니다.

요컨대 우리가 교회에서 부러워해야 할 모습은 자기 자신의 뜻을 죽이고 하나님의 뜻에 잘 순복하는 모습입니다. 그저 남의 아파트 평수와 사윗감, 남편 월수입이나 부러워하고 기껏 종교적인 색채를 갖는다고 해봐야 방언이니 통변이니 신유니 하는 것을 부러워하는 것은 곤란합니다.

물론 방언과 통변, 신유는 전부 다 성령의 은사들입니다. 우리가 마땅히 사모해야 할 덕목입니다. 하지만 그런 은사가 있다는 사실 자체가 신앙은 아닙니다. 자랑은 더욱더 아닙니다. 자기에게 그것이 있어서 자기 신앙에 도움이 되어야 하고 교회에 유익이 되어야 합니다. 자기의 종교적인 우월감을 확보하기 위해서 성령의 은사가 동원되는 것은 심히 곤란합니다. 특히 안타까운 것은 여태까지 성령의 은사를 달라고 기도하는 사람은 많이 보았어도 자기에게서 성령의 열매가 맺히게 해달라고 기도하는 사람은 보지 못했다는 사실입니다. 우리가 마땅히 부러워해야 할 것은 성령의 은사가 아니라 성령의 열매인데도 모든 사람들이 성령의 은사를 구하는 이유가 무엇이겠습니까? 자기에게 있는 신앙을 근거로 해서조차도 구하고 싶은 것이 하나님의 영광이 아니라 자기의 잘남이기 때문입니다. 결국 우리의 신앙은 자기 자신이 아니라 하나님께 귀결되는 것이어야 한다는 사실을 한 번 더 유념해야 할 것입니다.

이 모든 것이 저절로 되지 않습니다. 결심만 하면 저절로 되는 것이 아니라 자기가 직접 해야 합니다. 말 그대로 멍에를 메고 배워야 합니다. 이를 악물고 각오하면 하나님께서 그 진심을 보시고 대신 해주시는 것도 아니고 간절히 기도해서 될 수 있는 것도 아닙니다.

제가 하는 일 중에 가장 하기 싫은 일은 설교를 준비하는 일입니다. 정상적인 경우를 가정하면 아직도 30년은 더 목회를 해야 하는데 그전에 주님이라도 빨리 오셔야지, 안 그러면 그야말로 야단났습니다. 한편 준비하기도 힘든 설교를 앞으로 무려 30년 동안이나 해야 합니다. 그나마 지금은 부교역자라서 설교 부담이 덜한 편입니다만 이 다음에 담임 목회를 하게 되면 대체 어떻게 감당해야 할지 벌써부터 고민입니다.

그러면 제가 어떻게 하면 되겠습니까? 하기 싫으니까 하지 않을 수 있게 해 달라고 간절히 기도하면 되겠습니까? 아니면 하늘에서 설교 원고가 떨어질 때까지 열심히 기도를 할까요? 그럴 수는 없는 일입니다. 설교 준비를 하기 싫은 것은 하기 싫은 것이고, 그럼에도 불구하고 그것을 감당해야 하는 것은 제 책임입니다. 기도해서 외면할 수도 없고, 기도해서 건너 뛸 수도 없습니다. 그저 한 주 한 주 설교를 준비하기에 족한 영감을 달라고 기도해야 하고, 하기 싫어도 억지로 해야 합니다.

우리가 하나님의 뜻에 복종해서 하나님의 뜻이 하늘에서 이루어진 것처럼 땅에서도 이루어지게 하는 일이 그렇습니다. 기도를 해서 자기 책임을 외면하거나, 기도하는 것으로 자기 책임을 대신하는 것이 아니라 자기가 직접 거기에 순복해야 합니다. 이를 악물고 해야 합니다.

이렇게 해서 주기도문의 앞부분, 하나님에 대한 내용이 끝났습니다. 남은 부분은 우리에게 해당되는 내용인데, 그 처음 시작이 일용할 양식에 대한 문제입니다.

오늘날 우리에게 일용할 양식을 주옵시고

우리 기독교에 두 가지의 대표적인 오류가 있습니다. 하나는 무속신앙과 제대로 구분하지 못하여 기복적인 쪽으로 흐르는 오류입니다. 열심히 예수를 믿는다고는 하는데, 예수를 믿는 근거가 단지 병이 낫고 돈이 잘 벌리는 것 말고는 아무것도 없습니다. 건강을 주시는 하나님과 부자가 되게 해주시는 하나님 밖에 모릅니다. 다분히 유치한 오류입니다.

하지만 반대쪽 오류도 있습니다. 예수를 믿는다고 하면서 그 신앙이 관념적인 것에 머무는 오류입니다. 이런 사람들의 공통점은 기복적인 신앙을 유치한 것으로 여겨 일방적으로 매도합니다. 고급스럽게 믿지 못하고 왜 시시하게 그런 것을 구하느냐는 식입니다. 병이 낫고 건강해지는 것은 의사가 할 일이고, 예수를 믿는 사람은 단지 그 가르침에 감명을 받아 자기 인격이 고상해지면 되고 또 교회에서 마음의 평안을 얻으면 그것이 기독교의 전부인 줄 아는 것입니다. 심지어는 성육신이 역사적으로 있었던 일인지의 유무에 관계없이 그런 정신만 계승하면 되는 것으로 말하기도 합니다. 기복적으로 흐르는 것이 유치한 오류라고 하면 이것은 상당히 잘난 체 하는 오류입니다.

제가 이 다음에 천국에 가면, 혹시 그 사람도 천국에 왔는지 확인해 보고 싶은 사람이 있습니다. 바로 밀림의 성자라고 하는 슈바이처입니다. 그는 철학박사, 의학박사, 신학박사입니다. 박사 학위가 세 개나 되는 사람입니다. 아프리카 오지에서 헐벗고 굶주린 사람들의 고통을 덜어 주는 일에 평생을 바친 훌륭한 사람입니다. 다른 사람과는 비교가 안될 정도로 숭고한 이념을 가진 사람입니다. 오죽하면 별명이 밀림의 성자입니다.

그런데 그 분이 쓴 책을 보면 "이 사람이 정말 예수 믿는 사람 맞나?" 싶습니다. 그 분이 쓴 책 중에 "예수의 생애"라는 책이 있습니다. 제가 아는 어떤 분이 그 책을 갖고 있기에 왜 그런 불온서적을 보느냐고 물었던 적이 있을 정도입니다.

실제로 그 책이 그런 책입니다. 예수님이 진짜로 부활을 했는지 말았는지가 중요한 것이 아니라 단지 거기서 얻어지는 교훈이 중요하다는 것입니다. 슈바이처는 예수님에 심취한 사람이 아니라 예수님이 가르친 교훈에 심취했던 사람입니다.

예수님은 우리의 선생이 아니라 주인입니다. 그런데 굳이 선생의 영역에 국한시키려는 오류가 바로 신앙을 관념화하는 오류입니다. 기복적인 신앙을 유치하다고 하면서 실생활과 신앙을 유리시키는 것도 잘 하는 것은 아닙니다.

우리가 믿는 예수님은 굶주린 무리들을 보면 기적을 동원하시면서까지 그들을 먹이셨습니다. 배가 고픈 것은 믿음이 없는 탓이라고 나무라지 않고 그들의 필요를 충족시켜 주셨습니다. 사람은 일단 먹어야 합니다. 우리는 허공에 붕 떠 있는 채로 신앙생활을 하는 것이 아니라 발을 땅에 딛고 신앙생활을 합니다.

"여호와는 나의 목자시니 내가 부족함이 없으리로다 그가 나를 푸른 초장에 누이시며 쉴 만한 물가로 인도하시는도다"(시 23:1~2)

시편 23편은 가장 유명한 시편 중의 하나입니다. 여기서 다윗은 하나님이 자기 목자여서 자기는 아무것도 부족한 것이 없다고 고백하고 있는데, 부족함이 없는 첫 번째 내용으로 푸른 초장과 쉴 만한 물가가 나오고 있습니다. 육신의 필요라고 해서 정신적인 것보다 저급한 것이 아닙니다.

먹는 행위가 얼마 만큼 중요하고 요긴한 지는 데이트를 해보면 알 수 있습니다. 만일 우리에게서 먹는 것을 제외해 버린다면 데이트를 하는 것이 상당히 어려워질 것입니다. 데이트 스케줄의 대부분은 먹는 것과 관계 있다는 사실을 데이트를 해본 사람이라면 누구나 압니다.

교회에서도 친교 프로그램에 빠지지 않는 것이 먹는 것입니다. 저는 교회에서 청년부만이 아니라 중·고등부도 같이 맡고 있습니다. 청년부도 물론입니다만 특히 중·고등부 학생들과는 각별히 친하게 지내려고 노력합니다. 왜냐하면 그들과 가깝게 지내는 것이 그들의 신앙을 교육하기에 유리하기 때문입니다.

그러면 제가 중·고등부 학생들과 친하게 지낼 수 있는 가장 좋은 방법이 어떤 것이겠습니까? 애들을 전부 다 제 방에 모아 놓고 "애들아, 예수님이 말씀하시기를…" 하면 전부 다 도망갈 것입니다. 제가 애들과 친하게 지낼 수 있는 방법은 같이 떡볶이를 먹든지, 자장면을 먹는 방법입니다. 이것보다 더 좋은 방법을 제가 알지 못합니다. 만일 사람이 먹지 않고도 살 수 있는 존재라면 제가 우리 중·고등부를 지도하는데 상당한 애로가 있었을 것입니다.

하지만 아무리 먹는 것이 중요하다고 해도 하나님이 주시지 않은 것을 먹을 수는 없습니다. 하나님이 주시는 것만 먹고 주시지 않는 것은 먹지 않으면 됩니다. 문제는 먹을 것이 없는 것이 아니라 하나님이 주시지 않는 것을 먹으려는 것에 있습니다.

우리 나라에는 상당히 오랫동안 군부독재가 있었습니다. "국민투표"라고 하는 정상적인 방법을 통하면 대통령에 당선될 자신이 없으니까 군대를 투입하여 국회를 폐쇄하고 체육관 선거를 통하여 얼렁뚱땅 정권을 가로챈 것입니다.

이 경우가 바로 그렇습니다. 대통령을 하고 싶은 마음이 있어도 정상적인 절차를 거쳐서 되지 않는 경우라면 대통령을 하지 않으면 됩니다. 다른 사람이 대통령을 하는 것을 보면서 부러운 표정으로 손가락이나 빨면 아무런 문제도 일어나지 않습니다. 그런데 국민들이 자기를 대통령으로 뽑아 주지는 않을 것 같은데도 불구하고 대통령이 되고 싶은 욕심은 버릴 수 없어서 그 간격을 메우느라고 총이 동원되고 칼이 동원되었습니다. 분명히 잘못된 모습입니다.

우리는 일단 살기 위해서 밥을 먹습니다. 그렇다고 해서 그 밥을 먹고 영원히 산 사람은 없습니다. 오래 살기 위해서 혹은 건강해지기 위해서 보약을 먹기도 합니다. 하지만 언젠가는 죽습니다. 우리의 생명은 입으로 들어가는 양식에 있는 것이 아니라 하나님 말씀에 달려 있습니다. 하나님의 말씀에 대한 우리의 반응에 따라 우리의 영원한 생명이 좌우됩니다.

그런데 주님께서는 우리에게 이렇게 말씀하셨습니다.

"그러므로 내가 너희에게 이르노니 목숨을 위하여 무엇을 먹을까 무엇을 마실까 몸을 위하여 무엇을 입을까 염려하지 말라 목숨이 음식보다 중하지 아니하며 몸이 의복보다 중하지 아니하냐 공중의 새를 보라 심지도 않고 거두지도 않고 창고에 모아들이지도 아니하되 너희 천부께서 기르시나니 너희는 이것들보다 귀하지 아니하냐 너희 중에 누가 염려하므로 그 키를 한 자나 더할 수 있느냐 또 너희가 어찌 의복을 위하여 염려하느냐 들에 백합화가 어떻게 자라는가 생각하여 보라 수고도 아니하고 길쌈도 아니하느니라 그러나 내가 너희에게 말하노니 솔로몬의 모든 영광으로도 입은 것이 이 꽃 하나만 같지 못하였느니라 오늘 있다가 내일 아궁이에 던지우는 들풀도 하나님이 이렇게 입히시거든 하물며 너희일까 보냐 믿음이 적은 자들아 그러므로 염려하여 이르기를 무엇을 먹을까 무엇을 마실까 무엇을 입을까 하지 말라 이는 다 이방인들이 구하는 것이라 너희 천부께서 이 모든 것이 너희에게 있어야 할 줄을 아시니라"(마 6:25~32)

어찌 보면 이 부분은 좀 이상합니다. "오늘날 우리에게 일용할 양식을 주옵시고…" 하고 우리에게 일용할 양식을 위해서 기도하라고 해 놓고 또 한편으로는 우리에게 무엇이 필요한지 다 아신다고 말씀하고 있기 때문입니다. 어차피 다 아시는데 우리가 왜 구해야 합니까? 사실 하나님은 구하지 않아도 먹을 것을 주시는 분입니다. 공중에 나는 새도 하나님께 기도하지 않고 먹을 것을 얻고, 들의 풀도 기도하지 않고 자랍니다. 새나 들풀에게 있어서의 하나님은 아버지가 아니라 단지 하나님입니다. 창조주와 피조물의 관계입니다. 그런데도 그들은 기도하지 않고 먹을 것을 얻고 기도하지 않고 키가 자랍니다. 하물며 우리는 하나님과 부자지간입니다. 새나 들풀과는 비교할 수 없을 만한 사랑을 받고 있습니다. 먹을 것을 얻기 위해서 꼭 기도라는 절차를 거쳐야 할 정도로 하나님과 우리 사이가 그렇게 각박하지는 않습니다. 그런데도 하나님께서는 우리에게 군이 기도를 하게 하십니다.

집에서 애가 말을 안 듣는다고 밥을 굶기는 부모는 없습니다. 물론 애에게 벌을 세우느라고 가끔 한 끼쯤 굶길 수는 있습니다만 그것은 극히 예외적인 경우입니다. 아무리 말을 안 들어도 자식은 자식이고 부모는 부모입니다.

결국 이미 모든 것을 주셔서 기도하지 않아도 먹고 살 수 있게 하셨음에도 불구하고 기도하라는 말씀을 하는 이유는 생명의 근원이 하나님께 있다는 사실과 우리의 모든 생애가 전적으로 하나님께 달려 있다는 사실을 인식하라는 뜻입니다.

루터가 식사를 하느라고 빵을 한 쪽 집었습니다. 집에서 기르는 개가 가만히 루터를 쳐다보았습니다. 빵에 잼을 바를 때도 루터만 쳐다보았습니다. 모른 체하고 빵 한 조각을 입으로 가져갔는데도 계속 쳐다보았습니다. 루터가 식사를 하다 말고 기도했습니다. "하나님, 지금 저 개가 항상 저를 바라보는 것처럼 저 역시 항상 하나님만 바라볼 수 있게 해 주옵소서."

어쩌면 예수를 믿으면서도 식사기도를 하지 않는 사람이 있을지 모르겠습니다만 우리는 이 땅에서 살아가는 동안 일용할 양식이 우리 눈앞에 있을 때 그 일용할 양식을 주신 하나님을 만나야 합니다. 일단 식사기도를 꼬박꼬박 한다는 얘기는 적어도 하루에 세 번은 그 일용할 양식을 통해서 하나님을 만난다는 얘기입니다. 우리는 길가에 핀 꽃을 보아도 꽃만 보는 것이 아니라, 그 꽃을 통해서 꽃을 창조하신 창조주 아버지 하나님의 손길을 느낄 수 있어야 합니다. 먹을 양식을 통해서 그 양식을 주신 하나님을 만나지 못한다면 동물과 별 차이가 없습니다.

제가 전에 여전도회원들과 내장산으로 단풍 구경을 간 적이 있습니다. 온 산이 단풍으로 붉게 물든 절경을 보면 누구 입에서나 하나님의 솜씨에 대한 감탄이 나오게 마련입니다. 하지만 꼭 온 산이 단풍으로 물들어 있어야만 하나님의 작품인 것은 아닙니다. 단풍나무 한 그루만 있어도 하나님의 솜씨이고 단풍잎 하나만 있어도 하나님의 솜씨입니다.

하나님께 민감한 사람은 단풍잎 하나만 보고도 하나님을 느낍니다. 하지만 모든 사람이 다 그런 것은 아닙니다. 어떤 사람은 단풍잎 하나나 단풍나무 한 그루에서는 못 느끼고, 온 산이 붉게 물들어 있어야 비로소 하나님을 느낍니다. 공부를 잘하는 학생들은 시험 일주일 전부터 "시험 때"라고 하는데, 공부를 못하는 학생들은 시험 이틀 전에야 "시험 때"라고 말하는 것과 같은 이치입니다.

옛날 중국에 편작이라는 유명한 의사가 있었습니다. 편작에게는 위로 형님이 두 분 있었는데, 둘 다 의사였습니다. 세 형제 중에서 막내인 편작이 가장 유명했는데, 한 번은 그 나라 왕이 편작을 불렀습니다.

"내가 듣기에 그대들은 세 형제가 다 의사라고 하는데, 셋 중에 누구의 실력이 제일 나은가?"

"큰 형님이 가장 뛰어나고, 그 다음이 작은 형님입니다. 제가 제일 못합니다."

"그런데 왜 그대의 형들은 그대만큼 유명하지 못한가?"

"제 큰 형님은 워낙 실력이 뛰어납니다. 그래서 병이 제대로 자라기도 전에 그 병을 알아내고 치료합니다. 작은 형님은 큰 형님만은 못해도 병이 위중해지기 전에 치료합니다. 그런데 저는 병이 충분히 위중해져야 비로소 그 병이 무슨 병인지를 알고 그때서야 치료합니다. 그러니 제가 제일 못합니다. 그런데 사람들은 미리 치료한 사람이 더 실력 있는 줄은 모르고 꼭 목숨이 경각에 달려 있을 즈음에야 치료를 한 저를 가리켜서 실력이 있다고 합니다."

우리가 하나님을 아는 것도 그렇습니다. 우리에게 큰일이 닥쳤을 때에야 하나님을 찾고 하나님을 인식할 것이 아니라 일상사에서 하나님을 느껴야 합니다. 그 중의 하나가 식사기도입니다. 사실 가지고 있는 신앙의 내용이 고작해야 하루에 세 번 식사기도를 하는 것이 전부라면 곤란합니다. 우리에게 있는 신앙은 그보다 훨씬 더 풍성해야 합니다. 하지만 그나마도 없으면 그것은 말도 안됩니다.

직장이나 학교에서 믿지 않는 사람들과 같이 식사를 하는 경우에도 그렇습니다. 아무리 분위기가 어색해도 식사기도는 꼭 해야 합니다. 식사기도를 하면 식사 전에 기도를 했느냐 말았느냐 하는 평면적인 사실 외에도 다른 유익이 있습니다. 무엇보다도 그렇게 하면 여러분 주변에서 여러분이 크리스천이라는 사실을 인식하게 되고, 그 다음부터는 그 사실이 여러분에게 올무가 되어 스스로의 행동을 조심하게 됩니다. 남에게 비치는 자신의 모습에 신경을 쓰게 됩니다. 이처럼 신자답게 처신하지 않으면 안 될 여건을 스스로 만드는 것이 자기의 신앙에 유익합니다.

사람은 먹어야만 살 수 있습니다. 이것은 만고불변의 진리입니다. 그리고 우리는 먹을 때마다 기도를 합니다. 그러니 여기에는 "저의 생명은 주님께 있습니다. 저는 주님을 의지합니다. 주님 없이는 못 삽니다."라고 하는 고백이 담겨 있습니다. 우리가 먹는 양식 속에는 생명의 원리가 있습니다. 육의 양식도 그렇고 영의 양식도 그렇습니다.

교회에서 가끔 금식기도에 대한 얘기를 듣게 되는 경우가 있습니다. 특히 신앙에 열심이 있으신 분들이 그런 얘기를 자주 하는데, 금식기도를 왜 합니까? 금식기도의 의미가 무엇입니까? 상당히 많은 사람들이 "금식기도를 하면 그냥 기도하는 것보다 응답이 빠르다."고 말합니다. 마치 금식기도 알기를 어렸을 적에 집에서 하던 단식 투쟁 정도로 아는 것입니다. "엄마에게 그냥 얘기하는 것보다는 밥 안 먹고 투정 부리면서 용돈 달라고 해야 더 잘 주시더라." 하는 어린 시절의 못된 버릇을 나이가 든 다음에 교회에 고스란히 들고 온 격입니다. 하지만 금식기도는 "하나님께서 이 기도를 들어주시지 않으면 저는 밥도 안 먹겠습니다." 하는 뜻으로 하는 것이 아닙니다.

　우리의 육체는 먹어야 힘을 냅니다. 실제로 금식기도를 해보신 분은 경험했을 것입니다만 하루만 굶으면 온몸에 힘이 빠집니다. 이틀을 굶으면 성경책이 무겁게 느껴지고 발걸음을 옮기는 것도 힘이 듭니다.

　한낱 미물에 불과한 호랑이나 늑대는 굶으면 오히려 더 활동력이 왕성해집니다. 훨씬 더 공격적이 됩니다. 심지어 구렁이 같은 경우는 한 달을 안 먹어도 거뜬히 생명을 유지한다고 합니다. 그런데 하나님의 형상을 닮았다는 인간은 하루만 안 먹으면 허리를 못 펍니다. 하루까지 갈 것도 없이 평소보다 점심 시간이 한 시간만 늦어져도 속에서 난리가 납니다.

　우리는 분명히 먹어야만 힘을 얻습니다. 그런데 금식기도를 한다는 얘기는 먹는 것을 끊는다는 얘기입니다. 먹는 것을 끊는다는 얘기는 더 이상 자기 몸에서 힘을 만들지 않겠다는 뜻입니다. 결국 어떤 일을 앞에 놓고 금식기도를 한다는 얘기는 "하나님, 이 일은 저로서는 감당 못합니다. 하나님께서 해주시면 하는 거고, 안해 주시면 못합니다." 하는 신앙고백이 담겨 있는 행위가 됩니다.

　그런데 이 부분을 오해하게 되면 "금식기도를 했더니 됐다."는 말을 하게 됩니다. "내가 아무것도 안하고 가만히 있었더니 저 바위가 움직이더라. 나는 역시 세다."는 것과 같은 말입니다. 기도는 어떤 일을 이루는 방법이 아니라 어떤 일을 대하는 자세의 문제입니다. 자신의 육체적인 힘으로는 움직일 수 없는 바위를 움직이는 신령한 방법이나 테크닉이 아닙니다.

"오늘날 우리에게 일용할 양식을 주옵시고…"에서 맨 첫 단어가 "오늘날"입니다. 우리의 생명이 하나님께 귀속되어 있음을 알아서 하나님께 양식을 구하는데, 일주일이나 한 달 간 쌓아 놓을 양식을 구하는 것이 아니라 "오늘날" 일용할 양식을 구합니다.

사람이 물질을 가지고 있으면 물질에 의존하게 됩니다. 오늘 먹을 양식을 오늘 구했으면 내일 먹을 양식은 내일 구하면 됩니다. 오늘 먹을 양식을 주신 분이 하나님이시라면 그분은 내일 먹을 양식도 틀림없이 주실 것입니다.

그런데 이 사실을 놓치게 되면 오늘 먹을 양식만이 아니라 내일 먹을 양식, 모레 먹을 양식, 한 달 후에 먹을 양식, 일 년 후에 먹을 양식을 계속 비축해 두려고 합니다. 혹시 하나님께서 양식을 주시지 않아도 자기 힘으로 먹고 살 수 있어야 하기 때문입니다. 하나님을 의지하는 것이 아니라 자기에게 있는 것을 의지하려는 단적인 모습입니다.

"한 부자가 그 밭에 소출이 풍성하매 심중에 생각하여 가로되 내가 곡식 쌓아 둘 곳이 없으니 어찌할꼬 하고 또 가로되 내가 이렇게 하리라 내 곡간을 헐고 더 크게 짓고 내 모든 곡식과 물건을 거기 쌓아 두리라 또 내가 내 영혼에게 이르되 영혼아 여러 해 쓸 물건을 많이 쌓아 두었으니 평안히 쉬고 먹고 마시고 즐거워하자 하리라 하되 하나님은 이르시되 어리석은 자여 오늘 밤에 네 영혼을 도로 찾으리니 그러면 네 예비한 것이 뉘 것이 되겠느냐 하셨으니 자기를 위하여 재물을 쌓아 두고 하나님께 대하여 부요치 못한 자가 이와 같으니라" (눅 12:16~21)

누가복음 12장에 나오는 어리석은 부자의 얘기입니다. 어떤 부자가 있었습니다. 풍년이 들자 창고가 모자라서 걱정을 하다가 창고를 증축하고는 자기의 소유를 보면서 스스로 흐뭇해 하는데, 하나님께서 그 영혼을 그 밤에 도로 찾아가면 그 부자는 어떻게 되겠느냐는 내용입니다.

여기서 이 부자가 평안히 쉬고 먹고 마시고 즐거워 할 수 있겠다고 생각한 이유는 여러 해 쓸 물건이 넉넉히 비축되어 있어서 그렇습니다. 하지만 우리의 참 평안과 안식은 우리의 소유로 말미암는 것이 아니고 하나님의 은혜로만 가능합니다. "이 모든 것이 하나님으로 말미암았다. 하나님의 은혜다. 진정 하나님으로만 인하여 내가 평안히 쉴 수 있고 즐거울 수 있다."는 사실을 알았어야 했는데, 이 부자는 단지 비축된 자신의 소유에서 만족을 찾으려고 했습니다.

"감사함으로 드리는 화목제 희생의 고기는 드리는 그 날에 먹을 것이요 조금이라도 이튿날 아침까지 두지 말 것이니라 그러나 그 희생의 예물이 서원이나 자원의 예물이면 그 희생을 드린 날에 먹을 것이요 그 남은 것은 이튿날에도 먹되 그 희생의 고기가 제삼일까지 남았으면 불사를지니 만일 그 화목제 희생의 고기를 제삼일에 조금이라도 먹으면 그 제사는 열납되지 않을 것이라 드린 자에게도 예물답게 못 되고 도리어 가증한 것이 될 것이며 그것을 먹는 자는 죄를 당하리라"(레 7:15~18)

레위기에 보면 제사의 종류가 상당히 다양하게 나옵니다. 그 중에는 번제처럼 제물 전체를 불태워서 하나님께 바치는 제사가 있는가 하면,

속죄제나 속건제처럼 제사장만 먹을 수 있는 제사도 있었습니다. 특히 화목제에는 재미있는 특징이 있습니다. 제사를 지낸 그 날에만 제물을 먹을 수 있었습니다. 몇몇 경우에 따라서는 다음 날까지는 먹을 수 있었지만 삼일째 되는 날에는 예외 없이 전부 다 불태워야 했습니다. 아마 삼일째 되는 날에도 남은 것을 계속 먹을 수 있게 규정했으면 사람들은 나눠 먹는 것이 아니라 비축해 두었을 것입니다. 하지만 먹다 남은 것은 어차피 불에 태워야 하니까 가지고 있는 것을 자기를 위하여 남겨 두는 것이 아니라 힘써 나누는 것입니다.

하나님은 우리에게서 이런 모습이 나타나기를 원하십니다. 우리에게 물건이 넉넉하게 비축되는 것을 원하시는 것이 아니라 그 물건을 매개로 하나님의 뜻에 합당하게 살아가기를 원하십니다.

열왕기상 17장에 나오는 사르밧 과부도 그렇습니다. 마지막 남은 가루 한 웅큼과 기름으로 떡을 만들어 엘리야를 대접했더니 그 날부터 그 통의 가루가 다하지 않았고 병의 기름이 없어지지 않았습니다. 놀라운 은혜이기보다는 신기한 은혜입니다. 하나님은 마음만 먹으면 그 집 창고 가득 가루와 기름을 채울 수도 있으신 분인데 그렇게 안 하시고 단지 한 줌씩 덜어낸 만큼만 계속 차게 하셨기 때문입니다. 하나님의 능력을 기준으로 생각하면 쩨쩨한 은혜입니다.

하지만 하나님의 은혜는 잔뜩 쌓아 놓고 배를 두들기는 것이 아니라 날마다 그 날 쓸 것을 그 날 받아 가는 것이어야 합니다. 이스라엘 백성이 광야에서 만나를 얻는 것과 흡사합니다. 오늘이 지나면 내일은 또 새로운 만나를 주실 것입니다.

"오늘날 우리에게 일용할 양식을 주옵시고…"에서 맨 처음에 나온 단어는 "오늘날"이고, 두 번째는 "우리에게"입니다. 우리는 하나님께 "오늘날 저에게 일용할 양식을 주옵시고"라고 기도하는 것이 아니라 "우리에게" 달라고 기도합니다. 아닌게 아니라 주기도문에 1인칭 단수(나)는 나오지 않습니다. 언제나 1인칭 복수(우리)입니다. 일용할 양식도 자기만 얻으면 되는 것이 아니라 우리 모두가 다 얻어야 합니다. 적어도 주기도문으로 기도를 했으면 전철에서 구걸하는 거지에게 동전 한 닢은 주고 가야 합니다. 그냥 가면 안 됩니다.

구걸을 하고 있는 소경 거지를 만났을 때 "저 거지가 정말로 소경일까? 혹시 소경도 아니면서 소경인 척하는 것은 아닐까?" 하는 공연한 상상은 하지 마십시오. 물론 소경이 아니면서도 소경인 척 연극을 할 수 있습니다. 그래도 트집잡지 마시고 모른 척하십시오. 그냥 속아 주십시오. 왜냐하면 그 사람은 그것이 직업이기 때문입니다. 그 사람은 소경인 척이라도 해서 돈 몇 푼을 얻어 가야 그 날 하루를 연명할 수 있는 사람입니다.

자기에게 있는 인색함을 감추기 위해서 소경이 아닌 증거를 찾는 것은 상당히 고약한 버릇입니다. 진짜 소경이면 주고 가짜 소경이면 안 줘도 되는 것이 아니라 소경의 여부에 관계없이 불쌍하면 주십시오. 소경인 척하는 사람이 불쌍하게 보이지 않고 가증하게 보인다면 그것이야말로 심각한 문제입니다.

제가 전도사이던 시절의 얘기입니다. 어떤 청년과 남산에 갔던 적이 있습니다. 이런저런 얘기를 하면서 걷는데 어떤 아주머니가 다가오더니만, 시골에서 올라왔는데 차비가 없다면서 천 원만 도와 달라고 했습니다. 지갑을 꺼냈는데 그날 따라 천 원짜리가 한 장도 없었습니다. 다행히(?) 오천 원짜리가 있어서 오천 원을 드렸더니 허리가 부러지게 인사를 하는 것이었습니다.

그 아주머니가 간 다음에 같이 있던 청년이 저에게 얘기했습니다.

"전도사님, 저 여자 뻥일 거예요."

"예, 알아요. 아마 뻥일 거예요."

"그런데 왜 주셨어요?"

"저한테 그렇게 뻥을 쳐서 돈 몇 푼 얻어 가면 그 돈으로 무엇을 하겠습니까? 그 돈으로 술을 마시겠습니까? 노름을 하겠습니까? 아마 최저 생계비로 쓰일 겁니다."

차비가 없다면서 천 원만 달라는 사람을 만나는 것은 별로 어려운 일이 아닙니다. 일주일 전에도 차비가 없다더니 일주일 후에도 똑같은 장소에서 차비가 없다는 사람이 있습니다. 그러면 이것은 차비를 구하는 것이 아니라 직업이라는 얘기입니다. 차비가 없다는 말이 진짜냐 가짜냐가 문제가 아니라 그 사람은 그렇게 해서라도 돈 몇 푼 얻어 가지 못하면 그 날 저녁을 온기도 없는 냉방에서 꼼짝없이 굶을 것입니다. 어쩌면 병든 부양가족이 있는지도 모릅니다.

그런데 우리의 본성은 인색합니다. 주기 싫은 마음이 있습니다. 그래서 우리의 관심은 언제나 그 사람의 형편이 얼마나 불쌍한가 하는데 있지 않고, 그 사람의 얘기가 정말이냐 거짓말이냐에 있습니다. 그것도 중립적인 위치에서 진위를 궁금해하는 것이 아니라 다분히 부정적인 마음을 가지고 진위를 따집니다. 그래서 안 주는 쪽으로 이유를 찾습니다. 진짜 소경이 아니면 안 주고, 진짜로 차비가 없는 것이 아니면 안 주고, 인상이 나쁘면 안 주고, 구걸하는 동작이 너무 노련하면 안 주고… 안 줄 수 있는 이유가 참 많습니다.

하지만 이것은 잘하는 것이 아닙니다. 안 줄 수 있는 이유를 억지로 찾지 마시고 주기도문을 외는 심정으로 주는 것이 옳습니다. 주님께서 이 땅에 계셨으면 이 경우에 주님은 어떻게 하셨을까 하는 생각에 자기를 맞춰야 합니다.

우리의 자연스런 욕구는 항상 성경의 요구와 반대입니다. 우리의 자연스런 욕구를 따라서 기도하면 "오늘날 우리에게 일용할 양식을 주옵시고"가 아니라 "저에게 평생 놀고 먹을 수 있을 만큼 넉넉한 양식을 주옵시고"가 될 것입니다. 그런데 주기도문에는 "나에게"가 아니라 "우리에게"라고 되어 있습니다.

하다못해 밥도 나눠 먹어야 제 맛이 납니다. 혼자 먹는 밥은 참 맛없습니다. 혼자 먹는 밥이 얼마 만큼 맛이 없는지 경험해본 사람은 다 압니다. 저는 집과 교회가 멀기 때문에 항상 밥을 사 먹어야 합니다. 무엇을 먹을까 하는 것도 고민이지만 혼자 먹어야 한다는 것은 더욱 그렇습니다. 요컨대 밥은 나눠 먹을수록 맛이 있는 법입니다. 밥맛이 없다는 것도 정말 고역입니다.

예수님께서는 우리의 생명 양식이 되셨습니다. 친히 "내가 곧 생명의 떡"(요 6:48)이라고 말씀하셨습니다. 그런데 여기서 말하는 떡은 다분히 문화적인 표현입니다. 이 말을 영어로 옮기면 "I am the bread of life."입니다. 떡인데 bread가 들어갑니다. 단어 그대로 옮기면 "내가 생명의 빵이다"가 됩니다. 우리 나라 문화에 맞게 번역하면 "내가 생명의 밥이다"입니다.

예수님이 우리의 밥입니다. 또 밥은 나눠 먹어야 맛있습니다. 밥맛이 있어야 살맛이 있습니다. 이 내용을 연결하면, 혼자 예수 믿지 말고 여럿이 같이 믿어야 예수 믿는 맛이 난다는 얘기가 됩니다.

이 사실을 기준으로 하면 교회에서 교인들과 어울리지 않는 것은 신앙이 무엇인지를 모르는 소치입니다. 교회에 등록도 하지 않고 맨 뒷자리에 앉아서 예배만 드리고 조용히 사라지는 경우가 대표적인 예입니다. 물론 그런 식으로 교회에 다녀도 신자는 신자입니다. 성령으로 거듭나고 삼위일체의 하나님을 믿으며 부활 신앙이 있는 천국 백성인 것은 맞습니다. 하지만 그런 식으로 신앙생활을 해서는 예수를 믿는 깊은 맛을 모릅니다.

또 교회에서 다른 교인들과 사이가 좋지 않은 경우도 있을 수 있습니다. 이 경우도 마찬가지입니다. 자기 생각에는 자기 홀로 독야청청하고 있는 것으로 알고 있겠지만 하나님 보시기에는 옳지 않습니다. 교회는 잘잘못을 명백하게 가려서 누가 누구보다 낫고 누가 더 옳은지를 따지는 곳이 아니라 함께 지어져 가는 곳이기 때문입니다. 교회의 유익을 위한다는 명분으로 상대방의 틀린 부분을 악착같이 물고 늘어지는 것이 아니라 자기가 그 부분을 대신 감당하고 때로는 억울한 경우까지라도 묵묵히 감수하는 것이 신앙의 바른 모습입니다.

또한 우리는 예수님을 생명의 밥으로 취한 사람들입니다. 그러면 모름지기 밥값을 해야 합니다.

제가 학생이던 시절에, 우리 나라와 외국이 축구 경기를 하면 우리 나라가 체력적으로 밀렸습니다. 사실 여부는 모르겠습니다만 우리 나라는 채식 위주인데 반하여 외국은 육식을 주로 하기 때문에 그렇다는 얘기를 자주 들었습니다. 실제로 그때만 해도 우리 나라는 못 먹던 시절이었으니 그 얘기가 상당히 설득력 있게 들렸습니다.

어쨌든 풀만 먹고 자란 사람보다는 고기를 먹고 자란 사람이 체력적으로 뛰어나다면 예수를 양식으로 취한 우리는 어떠해야 하겠습니까? 고기를 먹었으면 고기 먹은 값을 해야 하듯이 우리 역시 예수를 양식으로 취한 사람의 값을 해야 합니다. 예수를 생명 양식으로 삼지 않는 사람과 비교할 수 없는 고결한 모습이 당연히 있어야 하고, 만일 없다면 심히 부끄러워 해야 합니다.

"그들에게 이르되 우리가 애굽 땅에서 고기 가마 곁에 앉았던 때와 떡을 배불리 먹던 때에 여호와의 손에 죽었더면 좋았을 것을 너희가 이 광야로 우리를 인도하여 내어 이 온 회중으로 주려 죽게 하는도다 때에 여호와께서 모세에게 이르시되 보라 내가 너희를 위하여 하늘에서 양식을 비같이 내리리니 백성이 나가서 일용할 것을 날마다 거둘 것이라 이같이 하여 그들이 나의 율법을 준행하나 아니 하나 내가 시험하리라"(출 16:3~4)

하나님이 이스라엘 백성에게 만나를 주셨는데, 잘 먹고 잘 살라고 주신 것이 아니라 만나를 주므로 해서 이스라엘 백성들이 과연 하나님의 율법을 지키는지 안 지키는지의 여부를 친히 확인하시겠다는 내용입니다.

결국 이 얘기는 이스라엘 사람들이 "하나님, 저희도 하나님을 섬기고 싶습니다. 하지만 당장 목구멍이 포도청인 것을 어떻게 합니까? 하나님을 섬기기 전에 일단 먹고 사는 문제가 해결되어야 하겠습니다." 하는 불만이 있었다는 뜻이고, 그러자 하나님께서는 "좋다. 너희들이 먹고 사는 문제는 내가 책임지마. 그러면 과연 너희들이 말씀대로 사는지 확인해 보자." 하셨다는 얘기입니다.

우리가 다 아는 것처럼 이때 이스라엘 사람들은 자기들의 요구처럼 먹는 문제가 해결되었다고 해서 말씀대로 살았느냐 하면 전혀 그렇지 않았습니다. 만나는 만나대로 먹으면서 계속 범죄했습니다. 이스라엘 사람들은 자기네가 말씀대로 살지 못하는 이유가 자신들에게 있는 것이 아니라 단지 먹을 것이 없는 환경에 있는 것처럼 얘기했는데, 실제로 확인을 해보니 환경에 문제가 있는 것이 아니라 자신들에게 문제가 있었습니다.

실제로 이런 투정은 우리 주변에 늘 있습니다. 당장 먹고 사는 것이 급한데 어떻게 신앙생활을 하느냐며, 먹고 사는 문제만 해결되면 굉장히 예수를 잘 믿을 것처럼 말하는 사람이 얼마든지 있습니다. 하지만 이것은 순전히 핑계입니다. 먹고 살 만한 여건이 되면 예수를 믿겠다는 사람이 정말로 먹고 살만한 여건이 되었을 때 예수를 믿느냐 하면 전혀 그렇지 않습니다.

수능시험만 끝나면 교회에 열심히 나올 것처럼 말하는 고3 학생들의 말을 저는 믿지 않습니다. 수능시험 전에 자신이 수험생임을 핑계 삼았던 것처럼 수능이 끝나면 다른 핑계거리가 얼마든지 있기 때문입니다. 친구도 만나야 하고, 아르바이트도 해야 하고, 늦잠도 자야 합니다. 애초부터 수험생이라는 피치 못할 사정 때문에 잠깐 교회에 못나온 것이 아니라 별로 교회에 갈 마음이 없었는데 마침 고3이 된 것입니다. 그런데 말을 그렇게 한 것에 불과합니다.

우리 인간은 주변여건 때문에 신앙생활을 못하는 것이 아니라 내부적인 문제 때문에 신앙생활을 제대로 못합니다. 우리는 그만큼 본성적으로 하나님과 반대쪽에 있는 존재들입니다. 만물보다 거짓되고 심히 부패한 것이 바로 우리의 마음입니다(렘 17:9).

제가 군대 있을 때 있었던 일입니다. 저는 교육부대에서 근무했었습니다. 수송교육기관이었는데, 논산 훈련소에서 기본교육을 마치고 수송 주특기를 받은 신병들이 그 부대로 와서 운전교육을 받았습니다.

제가 병장 때였는데, 교육생들의 내무반에 볼일이 있어서 들어갔더니 교육생들이 한군데 몰려있다가 갑자기 흩어지는 것이었습니다. 순간적으로 낌새를 채고는 "동작 그만!" 하고 소리 질렀습니다. 저희들끼리 모여서 속칭 짤짤이라고 하는 동전치기를 하고 있던 중에 제가 들어갔던 것입니다. 미처 돈을 숨기지 못하여 엉거주춤하게 서 있는 애들에게서 일단 돈부터 빼앗았습니다.

그 부대에서 11주 동안 운전교육을 받으면 타부대로 배출되는데, 마침 그때 교육생들은 11주 교육을 거의 마친 말년 교육생들이었습니다. 저 역시 말년 병장이었는지라 속으로 웃었습니다. "교육생 말년도 말년이랍시고 새파란 이등병들이 정신 상태하고는…" 하는 생각을 하면서 적당히 말로 타이르려고 했습니다. 그래서 한 사람 한 사람에게 본래 본전이 얼마였는지를 물었는데, 기가 막힌 일이 발생했습니다. 그 와중에 돈이 틀린 것입니다. 제가 본전이 얼마였는지를 묻는 순간 놈들도 속으로 머리를 굴린 것입니다. "다행이다. 크게 혼나지는 않겠구나. 그리고 돈도 돌려줄 모양이다." 하는 생각으로 자기 본전에다 얼마 씩을 보태서 대답한 것입니다. 그런 양심불량이 한 명만 있었어도 별로 표가 나지 않았을 텐데 대여섯 명이 전부 다 양심불량이었던 모양입니다. 돈 액수가 확연하게 틀렸습니다. 갑자기 괘씸한 생각이 들어서 적당히 말로 타이르려던 마음을 고쳐서 아주 따끔하게 혼을 냈던 기억이 있습니다.

이것이 사람에게 있는 본성적인 탐욕입니다. 어쩌면 영창에 가게 될지도 모르는 일을 하다가 들켰으니까 당장 눈앞이 캄캄한 순간입니다. 그런 순간에도 동전 몇 닢에 대한 욕심이 순간적으로 발동하는 것이 비단 그때 그 얼빠진 이등병들에게만 해당되는 문제가 아닙니다. 바로 우리 인간들의 문제입니다. 그리고 하나님은 우리에게 이런 본성적인 탐욕이 있는 것을 아십니다. 그래서 하나님은 우리에게 쌓아 둘 양식을 구하라고 말씀하시지 않고 일용할 양식을 구하라고 말씀하셨습니다.

또 하나님이 우리에게 구하라는 말씀을 하셨다는 얘기는 구하기만 하면 주실 준비가 되어 있다는 뜻입니다. 구하기만 하면 주실 작정을 하고 계시면서도 굳이 구하기를 기다리십니다. 결국 하나님께 구하는 것이 우리의 책임인데, 그렇다고 해서 우리는 아무것도 하지 않고 다만 구하기만 하면 된다는 뜻은 아닙니다. "간절히 기도했더니 손에 빵이 있더라." 하는 법은 없습니다. 기도만 하면 저절로 먹을 것이 생기는 것이 아니라 먹을 것을 얻기 위한 노력이 수반되어야 합니다.

공중의 새도 하나님이 먹이시고 하나님이 기르십니다. 하지만 아침 일찍 일어나 먹이를 찾는 일은 새의 몫입니다. 가만히 있는 새의 부리를 벌려서 하나님이 직접 먹이를 넣어 주시지는 않습니다. 농부가 농사를 짓는 것도 마찬가지입니다. 농작물은 땅에서 자랍니다. 그래서 언뜻 보기에는 농사 짓는 일이 땅에 속한 일인 것 같지만 따지고 보면 하늘에 속한 일입니다. 적당한 때에 적당한 양만큼 비가 와야 하고 또 햇빛도 비쳐야 합니다. 이 모든 일을 하나님께서 하십니다. 그렇다고 해서 농부가 해야 할 일이 줄어들지는 않습니다. 농사가 땅에서 되는 일이 아니라 하늘에서 되는 일임에도 불구하고 농부는 농부대로 땀을 흘려야 합니다.

예배 때 교인들이 기도하는 것을 들으면 가끔 그런 내용이 나옵니다. "…참으로 빈자리가 많습니다. 이 빈자리가 어서 속히 찰 수 있도록 인도하여 주시옵소서." 하는 내용입니다. 물론 교회의 빈자리를 보면서 안타까운 마음이 드는 것은 당연합니다. 빈자리가 있건 말건 신경을 쓰지 않는 것은 교인된 태도가 아닙니다. 하지만 그런 기도를 한다고 해서 새신자들이 저절로 구름떼처럼 몰려와서 빈자리를 가득 채우는 일은 일어나지 않습니다. 기도조차 안 하는 것에 비하면 나을는지 모르겠지만 기도만 하는 것으로 자기 책임을 때우는 것도 온전한 모습은 아닙니다. 빈자리를 채우기 위해서 자기가 맡아야 할 부분을 스스로 감당해야 합니다.

유치부에 다니는 딸을 둔 어느 여집사님으로부터 들은 얘기입니다.
"엄마, 기도하면 하나님이 들어주셔?"
"응. 하나님은 우리 눈에는 안 보여도 우리 기도를 듣고 계시니까 우리가 기도하면 하나님이 다 들어주셔."

이런 애기를 주고받은 날이 마침 토요일이었습니다. 내일 교회에 가려면 일찍 자야 하는데, 애가 노는 데 정신이 팔려서 잘 생각을 안 하더랍니다.

"내일 일찍 일어나서 교회 가야 하는데 얼른 안 자고 뭐 해?"
"늦게 자도 괜찮아. 내일 일찍 일어날 수 있어."
"어떻게?"
"일찍 일어나게 해 달라고 기도하고 자면 되잖아."

하나님은 우리가 기도하면 뭐든지 들어주시는 분이니까 내가 늦게 자더라도 일찍 일어날 수 있게 해 주실 것이라는 유치부 꼬마의 발상은 아닌게 아니라 어린애답습니다. 굳이 어디가 틀렸는지 지적하지 않아도 우리가 보기에는 분명히 틀렸습니다. 기도를 했으면 그 기도를 이루기 위한 노력도 자기가 해야 하기 때문입니다.

그런데 교인들이 신앙생활을 하는 모습을 보면 이런 실수가 참으로 많습니다. 기도하는 것까지만 신앙인 줄로 알고, 기도를 하는 것으로 자기 책임을 다한 것으로 생각합니다. 그 기도를 통해서 자기가 하나님께 나아가야 하는 부분이 있다는 사실은 모르고 "기도를 했는지 안 했는지"만 따집니다. 기도를 하면 할수록 하나님께 가까이 다가가는 것이 아니라 기도를 했다는 사실을 근거로 기도하지 않은 사람들 명단만 확보하는 것은 참으로 안타까운 일입니다.

요컨대 우리는 우리의 일용할 양식을 날마다 하나님께 구해야 합니다. 그 기도를 통해서 우리의 생명과 인생이 하나님께 귀속되어 있음을 알아야 합니다. 그리고 실제 살아가는 삶 속에서도 하나님께 귀속된 사람처럼 살아야 합니다.

우리가 우리에게 죄지은 자를 사하여 준 것같이
우리 죄를 사하여 주옵시고

주기도문의 앞부분은 하나님께 속한 내용이고, 뒷부분은 우리에게 속한 내용입니다. 우리에게 속한 기도를 하면서 가장 먼저 구한 것이 "우리의 일용할 양식" 문제였음을 앞에서 살펴 보았습니다. 양식 문제를 구했으면 두 번째는 "죄의 용서"를 구해야 합니다. 우리 육신을 위해서 양식을 구하는 것처럼 영혼을 위해서는 사죄의 은총을 구해야 합니다.

신학교에서 공부할 때, 가장 골치 아팠던 과목이 헬라어와 히브리어였습니다. 신약성경은 헬라어(그리스 말)로 기록되어 있고 구약성경은 히브리어(이스라엘 말)로 기록되어 있는데, 대체 이런 언어로 어떻게 의사 소통을 했는지 신기할 정도였습니다. 지금 헬라어나 히브리어에 대해서 남아 있는 기억은 "어렵다"는 것밖에 없습니다만 그때 그 과목을 공부할 때는 "성경을 기록하기에 적합한 언어"라는 느낌을 받았었습니다.

널리 알려진 예로 "사랑"을 표현하는 우리말은 "사랑" 한 가지입니다. 세분해서 표현하는 다른 용어가 없습니다. 하지만 헬라어에서 말하는 사랑은 상당히 다양합니다. 어떤 사랑이냐에 따라서 아가페라고도 하고, 에로스나 필리아, 혹은 스톨게로 표현하기도 합니다. 헬라 문화에서는 사랑을 이렇게 구분해서 얘기했습니다.

"죄"도 그렇습니다. 우리말로는 "죄" 한 가지인데, 헬라어로는 다섯 가지로 구분됩니다. 대표적인 죄가 "하마르티아"입니다. 성경에서 가장 자주 언급되는 죄가 바로 이 하마르티아인데, 과녁에 명중하지 못한 것을 가리킵니다. 과녁의 한가운데를 명중시키지 못하고 주변을 맞힌 것을 죄라고 하면 세상을 살면서 죄를 짓지 않을 수 있는 사람은 없습니다. 마음이야 한복판에 명중시키고 싶겠지만 그것은 어디까지나 마음 뿐입니다. 그리고 한복판에 명중시키지 못할 때마다 그것이 전부 다 하마르티아입니다. 하나님이 요구하시는 것을 바로 해야 하는데, 그렇게 하지 못하고 빗나간 것이 죄라는 뜻입니다.

그 다음에 "파라바시스"라는 죄가 있습니다. 줄을 따라 가지 못했다는 뜻입니다. 줄을 그어 놓았으면 그 줄대로 따라가야 하는데, 거기에서 벗어나면 죄입니다. 우리가 마땅히 따라가야 할 선이 있는데 그 선을 따라 가다가 자칫 왼쪽으로나 오른쪽으로 발이 빠지면 그것이 파라바시스입니다.

"파라푸토마"는 미끄러져서 넘어졌다는 뜻입니다. 아무리 빙판길이라도 양복을 말쑥하게 차려 입은 신사가 넘어지면 망신입니다. 물론 빙판이 아니었으면 넘어지지 않았을 것입니다만 넘어진 것은 파라푸토마입니다. 사람은 자기 감정이나 욕심을 자기가 다스려야 합니다. 먹고 싶다고 먹고, 자고 싶다고 자고, 놀고 싶다고 놀면 안 됩니다. 정신을 차리고 근신해야 할 사람이 자제력을 잃고 욕심에 치우친다면 잘못이라는 뜻입니다. 이런 점에서 볼 때, "가만히 있는 사람을 왜 건드리느냐?"며 혈기를 부리는 것은 잘못입니다. 자기 감정을 해치는 사람이 있다는 사실이 자제력을 잃을 수 있는 합리적인 이유가 될 수 없습니다. 자기를 건드리는 사람이 아무도 없게 만드는 것이 자기의 책임이 아니라 자기의 감정을 다스리는 것이 자기의 책임입니다.

네 번째로 "아노미야"라는 죄도 있습니다. 이것은 법이 없는 행위, 법을 외면하는 행위를 말합니다. 자기가 당연히 준행해야 할 법이 있는데 그것을 모른 척하면 그것이 곧 아노미야입니다.

마지막으로 "오페일레마"가 있습니다. 갚아야 할 부채가 남아 있는 상태를 말합니다. 미리 받은 것이 있어서 반드시 갚아야 하는 것이 부채입니다. 변제해야 할 부채가 있으면 반드시 청산해야 합니다. 청산하지 않고서 부채로부터 자유로워지는 방법은 없습니다. 특히 당시는 부채를 갚을 능력이 없으면 노예로 팔려가야 했던 시대였습니다.

이상 다섯 가지 "죄"를 설명하는 용어 중에서 주기도문에는 "오페일레마"가 쓰였습니다. 반드시 청산되어야 하고 청산되기 전에는 절대로 자유가 없는 것이 우리의 죄입니다. 바로 이것을 사해 달라고 기도를 해야 합니다.

어떤 집에서 부모가 자식을 때릴 수 있습니다. 아무리 때려도 말을 안 들으면, "너, 이래도 잘못했습니다 안해?" 하면서 때립니다. 자식의 버릇을 고치기 위해서 매를 들기는 했지만, "잘못했습니다" 소리만 나오면 더 이상 때릴 이유가 없습니다. 그런데 매를 맞으면서도 한사코 자기의 잘못을 시인하지 않으면 때리는 부모가 더 안타깝습니다. 그래서 제발 좀 잘못을 인정해 달라고 부모가 먼저 사정을 하는 것입니다. 바로 이런 부모의 심정으로 하나님께서도 우리에게 "사죄의 은총"을 구하라는 말씀을 하고 계십니다.

하나님께서 우리에게 율법만 주셨다면 이 세상에 살아남을 수 있는 사람은 아무도 없을 것입니다. 우리 중에 율법의 요구를 완전히 충족시킬 수 있는 사람은 아무도 없기 때문입니다. 이런 우리의 연약한 체질을 아시고 하나님께서는 율법만 주신 것이 아니라 제사법도 주셨습니다. 모세가 십계명 돌판만 받아 온 것이 아니라, 성막 모형도도 같이 받아 왔습니다. 우리가 지켜야 할 도리만 말씀하신 것이 아니라 혹시 거기에 어긋났을 경우에 그것을 수습할 수 있는 길도 열어 놓으셨습니다. 안 그랬으면 율법을 주심과 더불어 우리는 전부 다 죽은 목숨입니다.

주기도문을 아무런 생각 없이 줄줄 암송하는 것이 아니라 지금 자기 입에서 나오는 말이 무슨 뜻인지를 한 구절 한 구절 깊이 음미하면서 주기도문으로 기도를 한다면 지금 이 부분은 아무런 부담 없이 말할 수 있는 대목이 아닙니다.

"우리가 우리에게 죄 지은 자를 사하여 준 것같이 우리 죄를 사하여 주옵시고" 하는 내용을 아무렇지도 않게 말하는 사람은 굉장히 뻔뻔스런 사람이거나 아니면 자기가 지금 무슨 말을 하고 있는지 자기 스스로도 모르는 사람입니다.

보물섬을 쓴 작가 스티븐슨이 예배를 드리다 말고 도중에 밖으로 뛰쳐나갔습니다. 이상히 여긴 부인이 따라 나와서 무슨 일인지를 물었습니다.

"오늘은 도저히 예배를 드릴 수가 없소."

"왜요? 무슨 일이에요?"

"오늘은 도저히 주기도문을 할 수가 없소."

스티븐슨으로 하여금 도저히 예배를 드리지 못하게 만들었던 부분이 바로 이 부분입니다.

그런데 여기서 곰곰이 생각하면 이상한 사실이 있습니다. 우리가 믿는 하나님은 타산적인 분이 아닙니다. 애초부터 우리가 하나님 마음에 들게 처신했더니 하나님께서 그런 우리를 어여삐 여기셔서 예수를 세상에 보낸 것이 아니었습니다. 하나님은 우리의 자격 요건을 따지지 않고 일방적으로 사랑하시기로 작정하셔서 사랑하시고 결국 사랑할 만한 수준으로 만드시는 분입니다. 부모가 자녀를 낳은 다음에 말을 잘 들으면 호적에 입적시키고 말을 듣지 않으면 내쫓는 것이 아니라 힘쓰고 애써서 키우는 것과 마찬가지입니다.

본문은 마치 우리가 다른 사람의 죄를 용서하면 하나님도 우리의 죄를 용서하시고, 우리가 다른 사람의 죄를 용서하지 않으면 하나님도 우리의 죄를 용서하지 않으시는 듯한 뉘앙스를 풍기는데 그것은 하나님의 성품에 위배됩니다. 우리를 향한 하나님의 사랑은 무조건적인 사랑입니다. 우리의 처신을 보면서 합격과 불합격을 판정하시는 조건적인 사랑이 아닙니다.

탕자의 비유가 단적인 예입니다. 탕자가 자기 몫의 유산을 미리 챙겨서 집을 나갔다가 가지고 있는 재산을 다 허비하고 주려 죽을 지경이 되어서 집으로 돌아왔습니다. 매일같이 동구밖에 나가 기다리던 아버지가 아들이 들어오는 것을 먼저 보고는 달려가서 아들을 맞아들이고 집에서 잔치를 베풀었다는 내용이 누가복음 15장에 나와 있습니다. 그러면 여기서 아버지가 아들을 용서한 시점이 언제입니까? 돌아온 아들이 손이 발이 되게 비는 모습을 보고서 용서한 것이 아닙니다. 돌아오면 용서하고 돌아오지 않으면 용서하지 않는 것도 아닙니다. 이미 마음 속으로 용서해 놓고 아들이 돌아오기만을 기다렸습니다.

굳이 "용서"라는 측면에서만 따지면 돌아오지 않아도 용서는 이미 되어 있습니다. 그런데 돌아오지 않으면 자기가 용서 받았다는 사실을 모르게 됩니다. 용서는 아버지 입장에서 베푸는 관용으로 필요한 것이 아니라 탕자 입장에서 자기의 신분을 확인하기 위해서 필요합니다.

"우리가 우리에게 죄지은 자를 사하여 준 것같이 우리 죄를 사하여 주옵시고"라고 기도하는 원리도 그렇습니다. 다른 사람이 우리에게 어떤 잘못을 했을 때 꼭 그 잘못을 우리가 먼저 용서해야만 하나님이 그 내용을 책에 기록해 두셨다가 "아, 저 놈은 쓸만해." 하고 용서해 주시고, 만일 우리가 남을 용서하지 않으면 하나님도 우리를 보면서 "저 놈은 안돼." 하시는 것이 아닙니다.

우리가 하나님께로부터 용서를 받았으면 그 표가 나타나야 합니다. 하나님은 분명히 우리의 죄를 용서해 주셨습니다. 우리는 하나님으로부터 죄를 사함 받은 사람입니다. 그러면 우리에게는 죄를 사함 받은 증거가 있어야 하는데 그 증거가 다른 사람에게 용서를 베푸는 것으로 나타난다는 뜻입니다. 다른 사람에게 용서를 베푸는 것이 자기의 죄를 사함 받은 증거입니다.

어떤 집 애가 집에 놀러온 친척 어른께 용돈 만 원을 받았습니다. 그러면 그 애의 주머니에는 만 원이 있던가, 조립식 완구가 있던가 아니면 과자 봉지와 잔돈이 있던가 하여간 만 원을 받은 흔적이 있어야 합니다. 정신 없이 놀다가 만 원을 잃어버렸으면 아쉬운 마음이라도 있어야 합니다. 처음부터 아무것도 없었던 것과는 다릅니다. 우리가 남을 용서한다는 것이 이런 것입니다. 자기가 하나님께로부터 용서받은 흔적이 나타나는 것입니다.

만화에서 그런 장면을 본 적이 있습니다. 어떤 애가 눈을 심하게 다쳐서 실명될 위기입니다. 누군가가 안구를 기증하여 수술을 받았습니다. 눈을 수술했으니까 두 눈은 붕대로 감겨 있습니다. 그 상태로 있다가 천천히 붕대를 풉니다. 그러면 그 다음에 어떤 장면이 나와야 하겠습니까? 붕대를 풀었는데도 애가 가만히 있으면 수술이 실패했다는 애기입니다. 수술이 성공했으면 "아! 눈 부셔." 하고, 얼른 손으로 눈을 가려야 합니다. 눈이 부시다는 것은 한동안 빛을 못 보다가 빛이 보인다는 반증입니다. 수술이 성공했다는 뜻입니다.

앞을 못 보다가 보기 시작하면 눈이 부시듯이, 우리가 하나님께로부터 진정 용서를 받은 사람이라면 우리 역시 남을 용서할 수 있어야 합니다. 아직도 남을 용서하지 못 한다는 애기는 자기가 하나님으로부터 용서를 받은 증거가 없다는 애기입니다. 그러면 하나님이 정말 자기의 죄를 사해 주셨는지 스스로 확인할 방법이 없습니다.

만일 "우리가 우리에게 죄 지은 자를 사하여 준 것같이 우리 죄를 사하여 주옵시고…" 하고 기도는 하면서 다른 사람의 죄를 사하는 것에 인색하면 어떻게 되겠습니까? 그것은 천상 "내가 고의적으로 다른 사람의 죄를 용서하지 않으면 하나님도 고의적으로 제 죄를 용서하지 않으셔도 좋습니다.", "내가 다른 사람을 용서하지 못한 것같이 나도 용서받지 못하고 죽게 하옵소서." 하는 뜻이 됩니다. 이것은 상당히 끔찍한 내용입니다.

하나님으로부터의 무조건적인 용서를 원한다면 자기도 역시 그렇게 할 수 있어야 합니다. 남을 용서하지 못 한다는 애기는 자기도 용서 받았는지 말았는지 스스로 모른다는 뜻이고, 결국 자기 자신도 하나님으로부터의 용서를 기대할 수 없다는 뜻입니다. 여기에 대해서 스펄전은 "다른 사람을 용서하지 않으면서 주기도문을 반복한다면 당신은 그때마다 자신에게 대한 사형 판결문을 낭독하는 것과 같다."고 했습니다.

결국 이 기도는 용서 받은 하나님의 자녀만 드릴 수 있는 기도입니다. 불신자는 자기가 용서받은 것이 없으니까 해당 사항이 없습니다. 그냥 자기들 멋대로 살다가 멋대로 죽으면 됩니다.

사람들은 흔히 용서하지 않는 것을 사랑과 증오의 중립이라고 생각하는데 그렇지 않습니다. 사랑과 용서는 그 속성이 같습니다. 용서하지 않는다는 애기는 미워한다는 뜻입니다. 어떤 사람이 잘되고 못되는 것은 우리 소관이 아니겠지만 용서하는 것까지는 우리 책임입니다.

이 용서는 하나님의 사랑에 대한 인간적인 표현입니다. 그래서 본래 인간에게는 없는 성품입니다. 세상에서는 사랑을 상당히 흔하게 애기합니다. 특히 대중가요의 가사를 보면 전부 다 사랑 타령입니다. 그런데 거기에서 말하는 사랑은 다분히 피상적입니다. 젊은 남녀가 같이 공원에 앉아서 남자 호주머니의 땅콩을 서로 한 알씩 먹여 주고, 팔짱 끼고 오징어 다리 씹으면서 영화를 보는 것이 사랑입니다. 거기서 조금

더 진도가 나가면 벽난로를 배경으로 잔잔한 미소를 지으며 커피를 나누는 것이 사랑입니다. 도무지 이 세상을 살아가면서 실제적으로 써먹을 수 있는 내용이 없습니다.

하나님께서 우리에게 베푸신 사랑은 그런 사랑이 아닙니다. 당장 우리의 생사화복과 직접 관계되는 사랑입니다. 그러면 하나님께서 우리에게 베푸신 그런 사랑을 우리가 조금이라도 흉내 낼 수 있어야 하는데, 그것이 바로 남을 용서하는 것입니다.

특히 여기서, 누군가를 용서한다는 것은 용서를 구하는 사람에게 달린 문제가 아닙니다. 용서가 필요한 사람이 용서를 해 줄 수 있는 자격이 있는 사람에게 자존심 다 팽개치고 간절히 구하면 그 태도를 보고 용서를 결정하는 것이 아닙니다. 남을 용서하기 위해서는 죄를 범한 사람이 자기 잘못을 진심으로 뉘우치고 또 앞으로 같은 잘못을 반복하지 않겠다는 서약이 선행되어야 하는 것으로 알고 있는 사람이 많은데 성경에서 말하는 용서는 그런 것이 아닙니다.

"그 때에 베드로가 나아와 가로되 주여 형제가 내게 죄를 범하면 몇 번이나 용서하여 주리이까 일곱 번까지 하오리이까 예수께서 가라사대 네게 이르노니 일곱 번뿐 아니라 일흔 번씩 일곱 번이라도 할지니라"(마 18:21~22)

잘못을 범한 사람에게 몇 번이나 용서해 주면 되겠느냐는 베드로의 질문에 예수님께서 일흔 번씩 일곱 번이라도 용서해 주라고 하셨습니다. 애초에 질문을 한 베드로의 생각으로는 일곱 번 정도면 넉넉하리라 싶었을 것입니다. 그런데 예수님의 대답은 전혀 상상 밖이었습니다. 그렇다고 해서 예수님의 답변 내용에 훨씬 미치지 못하는 베드로의 질문을 놓고 지레 손가락질을 하는 것은 성급합니다. 왜냐하면 일곱 번 용서하는 것도 보통 일이 아니기 때문입니다.

제가 여러분 중 누군가에게 만 원만 빌려 달라는 말을 했다고 가정하십시다. 설마 목사가 빌려달라고 하는데 돈 만 원을 떼어먹힐까 싶어서 있어도 없다고 할 사람은 없을 것입니다. 어지간하면 빌려 줄 것입니다. 당연히 다음 주일에 갚을 줄 알았는데 감감 무소식입니다. "목사님이 잊어버리셨나…" 하고 일주일을 그냥 보냈습니다. 그런데 그 다음 주일에도 아무 얘기가 없더니, 그 다음 주일에는 난데없이 또 만 원을 빌려달라고 하면 어떻게 하시겠습니까? 이런 식으로 제가 일곱 번 되풀이한다면 저에게 몇 번이나 빌려주시겠습니까? 아마 세 번이나 네 번을 넘기기 힘들 것입니다. "강목사가 그래도 그런 사람이 아닌데, 아마 차마 말못할 다른 사정이 있겠지" 하고, 평소 저에게 우호적인 감정이 많으면 많을수록 속아 주는 횟수가 많아지기는 할 것입니다만 일곱 번을 그렇게 한다는 것이 쉬운 일은 아닙니다. 하물며 일흔 번씩 일곱 번은 그야말로 꿈같은 얘기입니다. 490번이면 일년 내내 하루에 한 번씩 똑같은 잘못을 용서하고도 아직도 125번 더해야 합니다. 아무래도 인간의 경지로는 할 수 없는 일 같습니다.

하지만 그렇지 않습니다. 언뜻 생각하기에는 불가능할 것 같지만 충분히 가능합니다. 만일 여러분 자녀가 여러분에게 잘못을 범하면 여러분은 자녀의 잘못을 몇 번이나 용서하시겠습니까? 일흔 번씩 일곱 번이 아니라 일흔 번씩 일흔 번이라도 기꺼이 용서할 것입니다.

남을 용서하느냐 못하느냐 하는 문제는 그 사람의 죄가 얼마 만큼 큰 가에 걸리는 문제가 아니라 그 사람에 대해서 가지고 있는 사랑이 어느 정도인가에 걸리는 문제입니다. 빌려 간 돈을 갚지도 않은 채 계속 돈을 빌려 달라고 하면 몇 번이나 빌려줄 수 있겠느냐는 질문도 같은 맥락입니다. 상대방에 대해서 본래 가지고 있는 우호적인 감정과 돈을 빌려줄 수 있는 횟수에 비례합니다. 용서는 결국 사랑의 문제입니다.

남을 용서해야 한다는 사실을 모르는 사람은 없습니다. 굳이 예수를 믿지 않더라도 마음이 너그러운 것은 사람들에게 칭찬 받는 덕목입니다. 하물며 우리는 예수까지 믿고 있습니다. 그러니 남을 용서해야 한다는 사실은 잘 압니다. 그런데 문제는 알고 있다고 해서 그것이 저절로 흘러나오지는 않는다는 사실입니다. 대부분의 경우 알기만 하고 실제로는 그냥 넘어갑니다.

어떤 집에서 남편이 외도를 하면 부인의 마음은 상당히 괴로울 것입니다. 그래도 교회에서 들은 말씀대로 용서하기로 작정을 합니다. 그런데 문제는 용서하기로 작정했다고 해서 그렇게 마음먹는 순간부터 남편이 다시 사랑스럽게 보이지는 않는다는 사실입니다.

혼자 있는 시간마다 처절하게 눈물 흘리면서 "하나님, 어찌하오리까?" 하다가, 참고 살기로 마음을 먹습니다. "그래, 살다 보면 그럴 수도 있지. 애들을 위해서도 그렇고, 내 신앙을 위해서도 그렇고, 참고 살아야지. 주님께서도 내가 참고 사는 것을 바라시겠지." 하는 마음으로 기도를 마쳤는데, 퇴근하고 돌아오는 남편 얼굴을 보면 방금까지 먹었던 마음이 싹 달아나 버립니다. 흔히들 하는 말처럼 이론과 실제가 다른 것입니다. 용서하는 것이 옳다는 사실도 알고 또 용서하기로 마음도 먹어보지만 실제로 그 용서가 자기에게서 쉽게 나타나지는 않습니다.

그러면 이처럼 머리로 알기만 하고 실제 행위로는 나타나지 않는 모순을 해소하려면 어떻게 하면 되겠습니까?

우리는 스데반의 기도를 알고 있습니다. "주여 이 죄를 저들에게 돌리지 마옵소서" 하는 것이 스데반의 마지막 기도였습니다. 돌에 맞을 만한 잘못을 범해서 돌에 맞는 것이 아니라 아무런 죄가 없으면서도 돌에 맞아 죽어 가고 있습니다. 이런 경우에는 자기를 정죄하는 사람들에 대해서 자기가 직접 보응하지 않고 하나님께 위탁해도 됩니다. 스데반이 죽어 가면서 "하나님, 저들의 악한 행위를 보시옵소서" 하고 기도를 해도 잘못이 아닐 수 있습니다. 하나님께서도 "원수 갚는 것이 내게 있으니 내가 갚으리라"고 말씀하셨습니다. 그런데 스데반은 하나님께 심판을 부탁한 것이 아니라 오히려 용서를 구했습니다.

자기가 하나님께 받은 은혜를 생각하면 지금 자기가 돌에 맞고 있는 것은 아무것도 아닙니다. 자기가 본래 하나님 보시기에 얼마나 큰 죄인이었는가를 알고, 또 그러한 죄 속에서도 하나님께 받은 사랑이 어떠한가를 생각하면 자기에게 돌로 치는 사람을 용서하는 것은 용서 축에 끼지도 못합니다.

죄는 다분히 주관적입니다. 동일한 죄에 대해서 느끼는 자책감이 사람에 따라 다르게 나타납니다. 어떤 사람은 사소한 잘못에도 눈물 콧물 다 흘리며 통회자복하는 반면 어떤 사람은 상당한 잘못을 범해 놓고도 오히려 뻔뻔스러울 수 있습니다. 도둑은 도둑에 대해서 관대하고, 강도는 강도에 대해서 관대한 것처럼 자기의 죄를 크게 느끼면 느낄수록 다른 사람의 죄에 대해서 너그럽습니다.

제가 아는 목사님 중에 젊은 시절 패륜아였던 분이 계십니다. 더이상 타락할 수 없을 만큼 타락한 상태로 젊은 시절을 보내다가 나중에 은혜를 입어서 목회의 길을 걷게 되셨는데, 그분에게서 이런 말씀을 들었습니다. 당신 생각에는 당신이 세상에서 가장 나쁜 사람이랍니다. 이루 형언할 수 없는 죄를 지으면서 세상을 살았는데, 그 숱한 죄 속에서 한 가지 얻은 것이 있다고 합니다. 당신이 워낙 세상을 악하게 살았기 때문에 앞으로는 아무리 사회적으로 지탄받는 사람을 만나도 그 사람이 자기보다는 낫기 때문에 그 사람을 미워하지 않을 수 있을 것 같다는 것이었습니다.

이처럼 자기의 죄를 깊이 자복할수록 남에 대한 폭넓은 용서가 나옵니다. 용서는 우리 인간이 할 수 있는 최고의 사랑의 경지입니다. 용서하면 할수록 우리가 주님의 성품에 동참하게 됩니다. 이런 것을 관념적으로만 머리에 쌓아 두는 것이 아니라 실제 삶 속에서 성품으로 우러나와야 합니다.

예배 시간에 교인들이 찬송을 부르는 모습을 보면 가끔 짜증이 납니다. 가사 내용과는 전혀 관계없이 순전히 자기의 감정만 발산하고 있는 것이 눈에 보이기 때문입니다. 찬송은 자기의 정서적인 욕구를 충족시키기 위한 것이 아니라 하나님의 영광을 기리기 위한 것입니다. 마땅히 하나님께 영광을 돌려야 할 찬송을 자기의 정서적인 욕구를 충족시키기 위한 도구로 사용한다면 그것은 찬송에 대한 모독입니다.

우리가 즐겨 부르는 찬송가 409장의 후렴 부분이 "예수의 사랑 예수의 사랑 바다 물결같이 내게 임하니 영광의 물결에 온전히 싸여서 내 영혼의 기쁨 한량 없도다"입니다. 우리에게 있어야 할 신앙은 "예수의 사랑"을 찬양하는 것이 아니라 그것이 자기에게서 나오는 것이라야 합니다. 예수의 사랑을 힘입고 있는 자기 모습을 얼마 만큼 남을 용서할 수 있는지로 확인해야 하는데, 전부 다 자기의 감정을 실어 노래를 하는 것이 신앙인 줄 압니다.

각설하고 성경적인 용서를 하려면 남을 용서하는 문제에 있어서 자기가 먼저 아쉬워야 합니다. 얼마 만큼 성실하게 용서를 구하는지 하는 것은 따질 이유가 없습니다. 왜냐하면 하나님께서 우리에게 그렇게 대하셨기 때문입니다.

우리의 구원 문제에 있어서 하나님은 아쉬운 게 없으신 분입니다. 우리의 영혼 문제는 현실적으로 우리의 발등에 떨어진 불입니다. 구원을 얻지 못하면 지옥 불못에서 영원한 형벌을 받아야 합니다. 그것은 전적으로 우리 책임입니다. 하나님은 거기에 대해서 아무런 책임이 없으십니다. 그런데 마치 하나님이 아쉬운 것처럼 애타는 심정으로 우리를 구원하셨습니다. 우리가 스스로 우리의 구원 문제를 놓고 고민하고 하나님께 매달렸더니 그런 우리를 불쌍히 여기셔서 구원해 주신 것이 아니라, 우리는 구원이 무엇이고 죄가 무엇인지도 모른 채 지내고 있을 때 하나님께서 일방적으로 우리의 구원에 친히 개입하셨습니다. 그 아들을 직접 죽이실 만큼 하나님께는 우리의 구원 문제가 심각한 문제였습니다.

본래 용서를 구하는 조건으로 희생을 치러야 한다면 아쉬운 정도가 심할수록 더 큰 희생을 감수할 것입니다. 사이가 서먹서먹해진 친구에게 말을 걸기 위해서 콜라 한 잔을 권할 수 있습니다. 그러면 이 경우에 화해를 얻기 위해서 콜라 한 잔 만큼 희생한 것입니다. 이처럼 화해를 얻는 것이 자기에게 얼마 만큼 심각한 문제냐에 따라서 희생할 수 있는 폭도 커질 것입니다.

조선 인조 때 병자호란이 있었습니다. 당시 조정은 남한산성으로 피신해서 완강히 저항하노라고 했지만 우리 나라의 국력과 청나라의 국력을 비교한다는 것 자체가 무리입니다. 결국 45일만에 항복을 하게 되었는데, 그때 항복 조건 중의 하나가 소현세자와 봉림대군을 볼모로 보내는 것이었습니다. 그런 치욕을 감수하면서라도 항복을 얻어야 할 만큼 청나라와 화해하는 것이 절실한 과제였습니다. 왜냐하면 청나라와의 화해를 얻어내지 못하면 종묘사직을 보존할 수 없었기 때문입니다. 아들을 인질로 보내는 것이 아버지로서는 차마 동의할 수 없는 조건이었겠지만 별수 없었습니다. 당시 조선의 입장으로는 청나라가 이보다 더 심한 조건을 요구했어도 수락했을 것입니다.

만일 청나라가 우리 나라에게 "우리 청나라의 왕자를 볼모로 보낼 테니 제발 항복하십시오. 항복을 하지 않고 계속 버티면 조선은 망할 수밖에 없습니다. 우리의 항복 요구를 받아들이기만 한다면 우리는 조선을 위해서 무엇이든지 다 하겠습니다" 하고 요청했다면 그것은 분명히 코미디입니다. 우리가 사는 세상에서는 그런 법이 없습니다. 그런데 하나님께서 그런 일을 하셨습니다. 어떻게 된 영문인지 정작 아쉬운 입장에 있는 우리는 가만히 있고 오히려 하나님께서 아들까지 죽이시면서 우리와의 화해를 모색하셨습니다. 하나님은 우리에게 구원이 얼마 만큼 절실하게 필요한 문제인지에 대해서만 관심이 있으시고, 우리에게 구원받을 만한 자격이 얼마 만큼 있는지에 대해서는 신경을 쓰시지 않습니다.

이런 하나님의 마음에 동참하기를 원한다면 우리 역시 우리에게 어떤 잘못을 범한 사람이 있을 때, 그 사람에게 용서를 받을 만한 자격이 있는지의 여부를 따지기 전에 먼저 적극적으로 용서하기를 힘써야 합니다. 지금 당장 용서하지 않으면 자기에게 큰 일이 날 것처럼 자기가 먼저 콜라 한 박스를 준비해서라도 힘써 용서를 도모해야 합니다.

양이 길을 잃었으면 그것은 양에게만 문제가 아니라 목자의 문제가 되기도 합니다. 어쩌면 철없는 어린 양은 자기가 길을 잃었다는 사실조차도 모르고 한가롭게 풀을 뜯을 수 있습니다. 하지만 목자에게는 큰 일입니다. 지금 당장 찾아오지 않으면 안 되는 일입니다. 양 한 마리가 없어진 것을 알면서도 "울음소리가 들리기 전에는 찾으러 가지 않겠다."는 목자가 있으면 그 목자는 보나마나 가짜입니다. 양의 울음소리가 들리지 않더라도 자기가 먼저 눈물을 글썽거리면서 찾아 나서야 합니다.

주님께서 우리에게 그렇게 하셨습니다. 그러니 우리 역시 그렇게 하는 것이 마땅합니다. 주님께서는 우리가 우리에게 죄 지은 자를 용서하기를 바라십니다. 다른 말로 하면, 주님으로부터 죄를 용서받은 기쁨을 이 세상을 살아가는 동안 마음껏 누리면서 살기를 바라십니다.

어느 집에서나 있을 수 있는 예입니다. 애가 어떤 잘못을 해서 부모님께 혼이 났습니다. "잘못했습니다." 하고 용서를 구하고는 자기 방에 들어가서 꼼짝도 안 합니다. 저녁 먹으라고 해도 아무런 기척도 없이 하루 종일 방구석에 쪼그리고 앉아 있으면 야단친 부모의 마음은 어떻겠습니까? 부모에게 혼이 나는 것이 잘하는 일은 아닙니다만 누구에게나 있을 수 있는 일입니다. "잘못했습니다." 하고 용서를 구했으면 그 다음부터는 용서받은 사람처럼 지내야 합니다. 밥도 먹어야 하고, 나가 놀기도 해야 하고, TV도 봐야 합니다. 그 날 밤늦게까지 TV를 보다가 또 혼이 날 수도 있습니다만 그것이 용서받은 모습입니다. 잠깐 혼이 났다고 해서 세상의 모든 괴로움을 혼자 짊어진 것처럼 풀이 죽어 있는 것은 자식된 도리가 아닙니다. 혼난 것만 잘못이 아니라 혼난 다음에도 또 잘못입니다.

우리가 남을 용서해야 하는 이유는 잘못을 감싸주는 것이 도덕적으로 옳고 인격적으로 높은 수준이어서가 아닙니다. 하나님께서 그것을 원하셔서 그렇습니다. 그리고 그렇게 해야만 우리가 하나님께로부터 얼마나 많은 죄를 사함 받은 복된 신분인지를 스스로 확인할 수도 있습니다.

그런데 우리의 용서는 언제나 조건부입니다. 우선 상대방이 용서를 구해야 하고, 다음부터는 그렇게 하지 않겠다는 확약도 있어야 합니다. 용서를 받을 자격 여부를 꼭 확인하고 나서 용서를 결정합니다. 용서할 만한 사람을 용서하는 것은 예수를 안 믿는 사람도 얼마든지 하는 용서입니다. 이 다음에 죽으면 지옥에 가는 사람들도 저희들끼리 막걸리 사발 앞에 놓고 얼마든지 용서를 주고받습니다. 그러니까 그 정도의 용서는 예수를 모르는 사람들에게 하라고 하고, 우리는 그것보다 차원 높은 용서를 해야 합니다. 우리에게서는 보다 고급한 수준의 용서가 나와야 합니다.

성경 말씀에도 "어지간하면 용서해 줘라.", "할 만하면 용서해 줘라." 하는 얘기는 없습니다. 우리에게는 취사선택할 재량권이 있는 것이 아니라 빼도 박도 못할 책임만 있습니다. 사실 남을 용서하는 것은 밑천이 들지도 않습니다. 헌금은 돈이 없으면 못하고, 봉사도 재능이 없으면 못합니다. 하다못해 예배 참석도 시간이 없으면 못할 수 있습니다. 하지만 유독 용서만은 누구나 할 수 있습니다. 밑천이 들지도 않고 시간이나 재능도 필요 없습니다. 마음만 먹으면 됩니다. 그런데도 용서에 인색하다면 그것은 아무리 그럴 듯한 핑계로 치장하더라도 마음이 없는 것에 지나지 않습니다.

자기에게 있는 우산이 쓸모가 있으려면 일단 비가 와야 합니다. 비가 오기 전에는 아무리 좋은 우산이 있어도 쓸모가 없습니다. 랜턴도 마찬가지입니다. 야간 산행을 하든지, 동굴 탐사를 하든지 하다못해 정전이라도 되어야 랜턴이 쓸모가 있습니다. 우리에게 있는 예수 사랑도 그렇습니다. 자기에게 예수를 사랑하는 마음이 있으면 그것을 써먹을 수 있어야 합니다. 주변에 적당히 미운 사람이 있어야 합니다.

제가 학생 때 장학퀴즈라는 TV프로가 한창 인기가 있었습니다. 거기에 보면 "찬스"라는 제도가 있었는데 찬스를 사용해서 50점짜리 문제를 맞추면 100점이 주어지는 제도였습니다. 우리가 신앙생활을 하는데 있어서 자기 주변에 꼴보기 싫은 사람이 있으면 그것이 일종의 "찬스"입니다. 자기에게 있는 "예수 사랑"을 직접 확인할 수 있는 절호의 기회입니다.

자기 주변에 전부 다 죽고 못 살 만큼 사랑스러운 사람만 있으면 자기가 얼마 만큼 사랑이 넘치는 사람인지를 확인할 방법이 없습니다. 가끔 속상하게 하는 사람도 있어야 합니다. "어떻게 저런 사람을 용서할 수 있느냐?"고 스스로 용서의 영역을 제한하는 어리석음을 범할 것이 아니라 그 사람을 통하여 자기의 신앙을 성숙시키는 계기로 만들어야 합니다. 그런데 아무도 그렇게 하지 않습니다. 주변에 용서하기 싫은 사람이 있으면 "왜 나는 아직도 이렇게 그리스도의 사랑이 모자랄까? 왜 나는 말씀대로 순종하지 못할까?" 하고 자책하는 것이 아니라, 자기에게는 정상적인 그리스도의 사랑이 있음에도 불구하고 그 사람이 얼마나 나쁜 사람인지로 얘기를 몰고 갑니다. 스스로를 책망하면서 자기를 분발시키는 기회로 삼는 것이 아니라 자기를 기준으로 다른 사람을 책망합니다. 심지어는 신앙의 이름을 빌려서 정죄하기도 합니다. 도무지 신앙이 무엇인지를 모르는 처사입니다. 아마 스스로 내세울 것이 없는 사람일수록 다른 사람의 결점을 많이 얘기할 것입니다. 자기 자신이 워낙 별볼일 없으니까 별볼일 없는 자신의 수준을 감추기 위해서 다른 사람을 열심히 끌어내리는 것입니다.

우리가 남에게 베풀어야 할 용서는 적어도 하나님께서 우리에게 베푸신 용서를 본받는 용서라야 합니다. 세상 사람들끼리 인격을 기준으로 저울질하는 용서가 아닙니다. "저 사람은 참 성질 좋아." 하는 정도의 칭찬에 머무는 용서가 아니라 우리를 위해서 독생자를 아낌없이 세상에 보내사 십자가에 달려 돌아가게 하신 하나님의 사랑에 동참하는 용서가 우리의 성품 속에서 나와야 합니다.

그리고 자기에게서 그런 용서가 나오기를 구한 다음에 "우리를 시험에 들게 하지 마옵시고 다만 악에서 구하옵소서" 하는 기도를 해야 합니다.

우리를 시험에 들게 하지 마옵시고
다만 악에서 구하옵소서

여기에 보면 시험에 대한 얘기가 나옵니다. 우리가 앞에서 살펴본 일용할 양식은 현재 문제라고 하고, 죄의 용서는 과거 문제라고 하면 시험은 미래에 속한 문제입니다. 그런데 이 시험이라는 단어가 상당히 오용되는 것을 봅니다.

교인들이 신앙생활하는 모습을 보면 가장 먼저 입술이 바뀝니다. "나의 입술은 주님 닮은 듯하나 내 맘은 아직도 추하여…"라는 복음성가 가사 그대로입니다. 쓰는 용어에서는 예수 믿는 티가 나는데 실제 사고판단의 기준이나 가치의 척도에 있어서는 전혀 예수를 믿는 표가 나타나지 않는 경우가 왕왕 있습니다. 물론 신앙이 자라나는 첫 단계로서 사용하는 말투를 종교적으로 교정하는 것은 얼마든지 괜찮습니다. 하지만 다른 것은 아무것도 바뀌지 않고 말투만 거룩하게 하는 것으로 신앙을 갖고 있는 것은 심히 유감입니다.

교회에서 들은 풍월이 있는 사람들은 완곡한 거절을 나타낼 때 "곤란하다."고 하지 않고 "기도해 보고 결정하겠다."고 합니다. 어떤 일이 하기 싫을 때에는 "마음에 감동이 없다."고 하고, 남편이나 자식이 속을 상하게 하면 "십자가"라고 합니다. "난 전도하기 싫어."라고 말하면 신앙 없는 사람이 되지만 "나는 전도에 달란트가 없어."라고 하면 그럴 듯하게 넘어갑니다. 사용하는 용어가 종교적으로 바뀌는 단적인 예들입니다.

"시험"이라는 단어가 특히 그렇습니다. 교인들은 주로 속상한 자기 감정을 표현할 때 "시험 들었다"고 하는데 그런 시험은 성경에 나오지 않습니다.

성경에는 두 가지 시험이 나옵니다. 하나는 하나님께서 우리의 신앙을 연단하시는 시험입니다. 영어로는 "test"에 해당하는데 하나님께서 아브라함에게 독자 이삭을 바치라고 한 것이 대표적인 경우입니다. 그리고 다른 하나는 마귀가 우리를 넘어뜨리기 위해서 유혹하는 시험이 있습니다. 영어로는 "temptation"인데 에덴동산에서 하와가 받았던 유혹이 대표적입니다. 결국 우리가 받는 시험은 하나님이 우리를 시험하시는 연단과 마귀가 우리를 시험하는 유혹, 두 가지로 나누어 생각할 수 있습니다.

그런데 교회에서는 전혀 엉뚱한 경우에 "시험"이라는 단어를 가져다 붙입니다. 예를 들면 목사님이 설교 중에 헌금 얘기를 하면 시험에 든다는 분이 있습니다. 그러면 이 시험은 어떤 시험이겠습니까? 시험에는 두 가지가 있다고 했습니다. 하나님이 우리를 시험하시는 시험이든지 아니면 마귀가 우리를 유혹하는 시험이든지 둘 중의 하나에 해당되어야 합니다. 따라서 목사님이 설교 시간에 헌금 얘기를 했다고 해서 시험에 든다고 하면, 이 시험은 성경에 근거한 시험은 아닙니다. 특히 헌금 얘기를 하면 시험든다는 사람 치고 헌금에 후한 사람은 없습니다. 주로 헌금에 인색한 사람들이 그런 얘기를 합니다.

결국 여기서 말하는 시험은 교묘한 말장난일 뿐입니다. 자기가 헌금에 인색한 것을 스스로 압니다. 그리고 그 사실이 공개되는 것은 싫습니다. 그런데 설교 중에 그 얘기를 하니까 속이 뜨끔합니다. 하지만 속만 뜨끔하고 자기를 고칠 마음은 없습니다. 제발 헌금 얘기를 안 했으면 좋겠는데 자꾸 그 얘기를 하니까 마음이 불편합니다. 이런 마음의 상태를 "시험"이라는 단어로 포장한 것입니다. 하지만 그것은 단지 "헌금 얘기는 안 했으면 좋겠다." 하는 자기의 속마음을 그럴듯하게 바꿔서 표현한 것에 불과합니다.

십일조, 감사헌금, 절기헌금, 건축헌금 등 특별헌금을 낸 사람의 명단이 주보에 공고되는 것에 불만을 얘기하는 사람도 있습니다. 이름을 쭉 나열하지 말고 깨끗하게 무기명으로 해서 하나님만 알게 하면 될 텐데 유치하게 명단을 공개해서 공연히 사람 시험 들게 만든다는 얘기도 들은 적이 있습니다. 헌금 명단을 주보에 싣지 않았으면 좋겠다는 뜻입니다. 왜 그런 생각을 하는고 하니 자기 이름이 거기에 올라가지 않기 때문입니다. 결국 자기가 남들 보기에 번듯하게 헌금을 제대로 못하고 있다는 사실만으로도 이미 혼자서 찔리고 있는데 왜 그런 것을 공개해서 안 그래도 찔리고 있는 사람 속을 더 뒤집어 놓느냐는 항변입니다.

교회에 다니지 않는 사람이 속상하다고 말하는 내용을 교회에 다니는 사람은 시험 들었다고 바꿔서 표현하는 것이 신앙이 아닙니다. 자기를 고쳐야 할 책임이 당연히 자기에게 있는데 "난 헌금 얘기하면 시험

든다."고 하여, 마치 자기에게 시험이 들게 한 사람에게 일방적인 잘못이 있는 것처럼 말하는 것은 참으로 유감입니다.

우리의 신앙은 사용하는 단어에 의해서 좌우되는 것이 아니라 그런 단어를 사용해서 나타내야 하는 그 사람의 속마음에서 좌우됩니다. 초신자 때는 "속상하다."고 말하다가 어느 정도 연륜이 쌓이면 "시험 들었다."고 말하는 것이 신앙이 아니라 초신자 때는 속상하던 내용이 연륜이 쌓이면서 전혀 아무렇지도 않게 되고 반대로 초신자 때는 아무렇지도 않던 내용이 연륜이 쌓이면서 걱정거리가 되는 것입니다.

어쨌든 시험에는 하나님으로부터의 시험(연단)과 마귀로부터의 시험(유혹)이 있는데, 지금 본문에서 말하는 시험은 마귀의 시험을 말합니다. 그리고 우리에게 마귀의 시험이 있다는 사실은 우리가 하나님의 자녀라는 반증이기도 합니다. 이미 마귀 수하에 있는 사람을 마귀가 굳이 넘어뜨릴 이유가 없기 때문입니다. 그런데 사람들은 믿음이 좋으면 시험이 없는 것으로 오해를 합니다. 믿음만 좋으면 아무런 시험도 없을 텐데 믿음이 시원치 않아서 이런저런 시험에 시달리는 것으로 알고 있다면 그것은 정말로 오해입니다.

하다못해 학생들도 학교에 다녀야 시험을 봅니다. 학교를 자퇴하면 더이상 시험을 보지 않아도 됩니다. 제가 고등학교에 다닐 때에는 월요일마다 주초고사, 토요일에는 주말고사, 주중에 주중고사, 걸핏하면 수시고사, 다달이 월말고사, 그리고 모의고사, 실력고사, 배치고사 등등의 시험에 노이로제가 걸릴 지경이었는데, 그렇게 시험을 자주 보는 이유는 학생들을 공연히 달달 볶으려는 것이 아니라 공부를 시키기 위함이었습니다.

　우리가 신앙생활을 하는데 있어서도 시험은 있는 것이 정상입니다. 시험이 없으려면 예수를 안 믿으면 됩니다. 우리가 마귀 자식이면 악한 영이 괜히 우리를 흔들 이유가 없습니다. 오죽하면 예수님도 시험을 받으셨습니다. 예수님도 시험을 받았으니까 우리에게 시험이 있는 것은 당연한 일입니다.

　예수님은 본래 이 세상에 속한 분이 아닙니다. 그런데도 이 세상에 오셔서 이 세상에서 살아가려니까 시험이 있었습니다. 우리도 신분으로는 천국 시민입니다. 우리 모두에게는 천국 시민권이 있습니다. 그래도 지금 이 땅에 발을 딛고 사는 동안에는 시험이 있을 수밖에 없습니다.

　"내가 비옵는 것은 저희를 세상에서 데려가시기를 위함이 아니요 오직 악에 빠지지 않게 보전하시기를 위함이니이다"(요 17:15)

　예수님의 기도 내용입니다. 예수님께서 우리를 위하여 기도하시는데, 우리를 이 세상에서 아예 데려가 달라고 기도하는 것이 아니라 이 세상에 살고 있는 채로 악에 빠지지 않게 해 달라고 기도하고 있습니다. 하나님은 우리가 시험이 전혀 없는 세상에서 아무런 시달림 없이 살아가는 것을 원하지 않으시고 우리가 이 세상에서 살면서 세상에 있는 시험에 이기기를 원하십니다.

　이 세상에는 분명히 시험이 있고 악이 있습니다. 이 세상은 유토피아가 아닙니다. "유토피아"(Utopia)는 본래 16세기 영국의 인문주의자인 토머스 모어가 쓴 소설 이름인데, 헬라어 ou(없다) + topos(곳) + ia(명사형 어미)를 라틴어로 옮긴 것입니다. 결국 있지 않은 장소가 유토피아입니다. 우리가 흔히 "유토피아, 유토피아" 하고 말하는데, 그런 곳은 본래 존재하지 않습니다.

어쨌든 우리가 살아가는 이 세상은 유토피아가 아닙니다. 시험이 있고 또 우리가 이겨야 하는 악이 있는 곳입니다.

하나님은 우리를 사랑하십니다. 사랑해도 보통으로 사랑하시는 것이 아니라 아들까지도 우리를 위해서 대신 죽이실 만큼 우리를 사랑하시는데 그럼에도 불구하고 우리가 살아가는 세상에는 시험이 있습니다. 결국 하나님의 능력으로도 이 세상에 있는 시험을 없앨 수는 없든지, 아니면 시험이 있다는 사실이 하나님께서 우리를 사랑하시는 방편이 되든지 둘 중의 하나라는 뜻입니다.

모든 사람들은 다 자기 중심적입니다. 골치 아프거나 피곤하고 짜증나는 일을 싫어합니다. 일부러 골치 아픈 일을 찾아서 하는 사람은 없습니다.

어떤 사람이 기차 여행을 하는데 맞은편에 나이가 많으신 할머니 두 분이 앉아 계셨습니다. 기차의 차창이 절반쯤 열려 있었는데, 그중 한 할머니가 얘기했습니다.

"이보게 젊은이, 저 문 좀 열어 주시오. 가슴이 너무 답답해서 빨리 문을 열지 않으면 나는 죽을지도 몰라요."

그러자 그 옆의 할머니가 화들짝 놀라면서 얼른 얘기했습니다.

"아녜요. 저 문을 얼른 닫아 주세요. 나는 오한이 나서 지금도 추워요. 문을 빨리 안 닫으면 나는 죽을 것 같아요."

대체 이런 경우에는 어떻게 해야 합니까? 문이 절반쯤 열려 있는데, 한 할머니는 마저 열지 않으면 답답해서 죽겠다고 하고 다른 할머니는 빨리 닫지 않으면 추워서 죽겠다고 하니 이럴 수도 없고 저럴 수도 없는 노릇입니다. 안절부절 못하고 있는데 마침 검표원이 왔습니다. 잘됐다 싶어서 자기가 어떻게 하면 좋겠느냐고 얼른 자문을 구했습니다. 그러자 별것 아니라는 듯이 검표원이 어깨를 으쓱거리며 대답했습니다.

"일단 문을 닫으십시오. 그러면 한 사람이 죽을 겁니다. 그 다음에 문을 활짝 여십시오. 그러면 또 한 사람이 죽을 겁니다. 그러면 당신은 안락한 환경에서 편안하게 여행을 즐길 수 있을 겁니다."

실제 상황에 관계없이 일단 말은 맞습니다. 한 사람은 문 닫으면 죽는다고 하고, 한 사람은 문 열면 죽는다고 하면서 정반대 되는 내용으로 싸우고 있으니까 일단 문을 열어서 한 사람 죽이고 그 다음에 문을 닫아서 남은 사람을 죽게 하면 자기는 편하게 여행을 즐길 수 있습니다.

만일 얻고자 하는 바가 안락한 환경이면 그렇게 하면 됩니다. 하지만 얻고자 하는 바가 환경이 아니고 사람이면 그렇게 하면 안 됩니다. 그 경우에는 해결책이 없습니다. 그저 골치 아픈 것을 견디는 것이 그 사람의 책임입니다. 자기가 골치 아프기 싫다고 둘 다 죽여 버리면 되는 것이 아니라 자기가 골치 아픈 쪽을 기꺼이 택해야 합니다.

저는 목회자입니다. 그리고 교회에서 중·고등부와 청년부를 맡고 있습니다. 그러면 저의 책임은 무엇이겠습니까? 대부분의 교인들이 중 · 고등부 학생이나 청년들을 교회에 나오게 하는 것이 제 책임인 줄 압니다. 하지만 제가 생각하는 제 책임은 그런 것이 아닙니다. 저는 중 · 고등부 학생이나 청년들을 교회에 나오게 하는 사람이 아니라 이미 나와 있는 사람들을 대상으로 하나님의 뜻이 어떤 것인지를 가르치는 사람입니다. 그런데 현실은 그렇지 않습니다. 하나님의 뜻을 가르치는 것보다 학생이나 청년들을 교회에 나오게 하는 일에 훨씬 더 많은 신경이 쓰입니다. 성경책을 펴놓고 어떻게 이 말씀을 알기 쉽게 가르칠까 하는 본질적인 고민을 하고 싶은데, 실제로는 교회에서 누구와 누구의 사이가 안 좋고 또 누가 어떤 일로 삐치고 하는 부수적인 일에 훨씬 더 많은 시간을 빼앗기게 됩니다.

제가 전도사이던 때의 일입니다. 그때 저는 중 · 고등부와 청년부, 두 부서를 맡고 있었는데 중 · 고등부 애 둘이서 다퉜습니다. 둘 다 교회에는 성실하게 잘 나오는 애들인데 서로 눈이 마주치는 것도 싫어합니다. 둘이 같은 자리에 있는 법이 없습니다. 한 애가 있다가 다른 애가 오면 먼저 있던 애는 슬그머니 일어서 버립니다. 그 둘 때문에 상당히 신경이 쓰였습니다.

그리고 또 다른 학생이 있는데, 그 학생은 아무런 까닭 없이 갑자기 교회에 발을 끊었습니다. 전부터 들락날락하던 애였으면 그러려니 하겠는데, 그 학생은 다릅니다. 일년 내내 예배에 빠지는 법이 없는 것은 물론이고, 고등학생이면서도 주일 저녁예배에도 꼬박꼬박 참석하는 학생이었습니다. 그러던 애가 아무런 얘기도 없이 나타나지를 않으니 참 답답했습니다.

이런저런 일이 엉켜서 제가 좀 피곤했습니다. 다소 고민스런 표정으로 앉아 있으려니, 제가 안되어 보였는지 어떤 청년이 저에게 그랬습니다.

"걔네들이 빨리 철이 들어야 우리 전도사님 속이 편할 텐데…. 그죠?"

그래서 제가 그렇지 않다고 대답했습니다.

"왜요?"

"걔네들이 속을 썩이지 않을 만큼 철이 들면 다른 애가 와서 속을 썩이겠지. 속 썩이는 애가 없을 수는 없어. 원래 속은 썩어야 돼."

골치 아픈 문제는 항상 있어야 합니다. 제가 교회에서 더이상 골치를 앓지 않게 되었다면 그것은 지금 있는 애들까지만 철이 들고 그 후로 더이상 새로운 애들이 오지 않았다는 뜻인데, 차라리 제가 골치를 앓아야지 그럴 수는 없는 일입니다.

저는 아직도 제 자신을 목회자라고 소개하려면 낯이 간지럽습니다. 1993년에 신학을 시작해서 2년 동안은 교육전도사였고, 3년째 전임전도사 생활을 해서 1998년 가을에 목사 안수를 받았습니다. 그런데 벌써 골치가 아픕니다. 제가 정상적으로 목회를 하면 앞으로도 30년은 더 해야 하는데, 이 골치 아픈 것이 지금까지의 기간으로 끝나고 앞으로는 마냥 평온할 것 같습니까? 그렇지는 않습니다. 골치 아픈 일은 앞으로도 계속될 것입니다. 이것은 끝나는 것이 아닙니다. 목회를 하고 있는 한 골치는 아파야 합니다.

비단 목회만 골치 아픈 것은 아닙니다. 본래 산다는 것 자체가 힘듭니다. 유치원에 다니는 것보다는 초등학교에 다니는 것이 힘들고, 초등학교보다는 중학교, 중학교보다는 고등학교, 대학교, 직장생활, 결혼생활, 애 낳고, 키우고, 시집 장가보내고…. 힘든 일은 계속 단계적으로 상승됩니다. 나이가 들수록 살기가 힘들고, 나이가 들수록 골치 아픈 일이 많아집니다. 아무리 골치가 아파도 그것을 기꺼이 감수하고 견디는 것이 그 사람이 인격적으로 성숙해 가는 과정입니다.

신앙생활도 그렇습니다. 사람들은 골치 아픈 일 없이 안락하면 그것이 신앙생활을 잘할 수 있는 분위기인 줄 아는데 그렇지 않습니다.

우리가 세상을 살아가는 것 자체가 골치 아픈 일의 연속인데 예수를 믿는다고 해서 그 범주에서 벗어날 수는 없습니다. 예수를 믿는다고 해서 따로 별천지에 모여서 살아가지 않습니다. 어차피 이 세상 사람들이 살아가는 틈바구니에서 예수를 믿습니다. 구원 얻기 전이나 구원 얻은 다음이나 우리가 살아가는 환경은 동일합니다. 하루 세 끼 밥도 먹어야 하고, 직장생활도 해야 하고, 가정도 꾸려야 합니다. 주변 환경은 변하지 않았는데 우리만 구원 얻지 못한 신분에서 구원 얻은 신분으로 바뀌었습니다. 그러니까 골치 아픈 것이 당연합니다. 그래서 우리는 골치 아픈 이 세상에서 "다만 악에서 구하옵소서" 하고 기도해야 합니다. "혹시 시험에 방황할 수는 있지만 오직 악에서 만큼은 기필코 우리를 구하여 주십시오.", "이 세상을 살아가는 동안 굶어도 좋고 박해를 받아도 좋으니까 어떤 일이 있어도 제발 악에서 만큼은 빠지지 않게 해 주십시오." 하는 뜻입니다.

그런데 실제로 나타나는 모습은 그렇지 않습니다. "어쩌다 교회 한 번 빼먹는 것은 별 수 없지만 돈만은 많이 벌게 해 주십시오." 하는 것이 우리의 간절한 소원입니다. 참으로 안타까운 일입니다. 우리끼리 안타까운 일이 아니고 주님 보시기에 안타까운 일입니다.

주기도문의 모든 기도가 그랬듯이 본문에서도 "우리"가 나오고 있습니다. 자기만 시험에 들지 않고, 자기만 악에서 건짐을 받으면 되는 것이 아니라 "우리"가 그래야 합니다. 자기만 구원 받으면 되는 것이 아니라 자기 옆에 있는 사람도 같이 구원 받아야 합니다.

우리 옆에 있는 사람이 우리와 같이 구원을 얻으려면 어떻게 해야 하겠습니까? 다른 사람이 우리를 볼 때마다 "당신을 보니 나는 아무래도 세상을 잘못 살고 있는 것 같습니다." 하는 생각이 들게 해야 합니다. "당신을 보니 나는 아무래도 죄인인 것 같습니다." 하는 고백이 나올 만한 수준이 우리에게 확보되어 있어야 합니다.

"내가 진실로 진실로 너희에게 이르노니 나의 보낸 자를 영접하는 자는 나를 영접하는 것이요 나를 영접하는 자는 나를 보내신 이를 영접하는 것이니라"(요 13:20)

예수님께서 손수 제자들의 발을 씻겨 주신 후에 하신 말씀입니다. 예수님을 영접하는 것은 비단 예수님을 영접하는 것으로 끝나는 것이 아니라 그것이 곧 하나님을 영접하는 것이고, 또 예수님이 보낸 사람을 영접하는 것은 예수님이 보낸 그 사람을 영접하는 것으로 끝나는 것이 아니라 예수님을 영접하는 것이라는 뜻입니다.

조선시대에 왕명을 출납하는 기관이 승정원이었습니다. 지금의 대통령 비서실에 해당합니다. 승정원의 승지들은 정3품에서 정5품에 해당하는데, 경우에 따라서 이들은 자기보다 높은 관직의 신하에게도 왕명을 전해야 했습니다. 만일 영의정에게 어명을 전달한다면 영의정은 신하 중에서 가장 높은 정1품입니다. 그런데 아무리 정1품이라고 해도 왕명을 전달받을 때는 오히려 왕명을 전달하는 승지가 더 높아 보입니다. 어느 관직이 더 높은가를 따질 문제가 아니라 "어명"이 그만큼 지엄하기 때문입니다. 어명을 받들고 온 신하를 대하고 있는 것이 아니라 어명을 대하고 있어서 그렇습니다.

저를 가리켜서 "주의 종"이라고들 합니다. 맞는 얘기입니다. 저는 주의 종입니다. 주님께서 저를 영접하는 사람은 저를 영접하는 것이 아니라 주님을 영접한 것으로 인정해 주실 것입니다. 이 사실은 저로서는 감당하기 힘든 영광입니다. 하지만 영광으로만 끝나는 것이 아니라 한편으로는 감당하기 힘든 책임이기도 합니다. 저를 영접하는 사람으로 하여금 저를 영접한 것이 아니라 마치 예수님을 영접하는 것같은 착각이 들 정도로 고결하고 거룩한 모습을 보여 주어야 하기 때문입니다.

목사가 집에 온다기에 신경 써서 집안 청소를 하고 부산을 떨면서 준비했는데, 기껏 찾아온 목사라는 사람은 어떻게 하면 남에게 얕잡아 보이지 않을 수 있고 세상에서 남보다 먼저 출세할 수 있는지에 대해서 장황하게 설명하고 돌아간다면 그를 맞은 사람의 마음이 어떻겠습니까? 풍기는 분위기는 이상하지만 그래도 목사님이 우리 집에 오셨으니까 이것은 예수님이 오신 것과 마찬가지라고 흐뭇하게 생각할 사람은 아무도 없을 것입니다.

모름지기 교역자에게는 교역자다운 모습이 있어야 합니다. "나는 주의 종이다." 하는 거드름이 아니라 주의 종다운 면모가 몸에서 배어 나와야 합니다.

교역자가 교인들에게 존경을 받기 위해서 인위적인 제스처를 쓴다는 것은 참으로 웃기는 얘기입니다. 존경은 강요해서 짜내는 것이 아니라 마음에서 우러나오는 것이라야 하기 때문입니다. 하지만 명색이 교역자라고 하면서 교인들에게 아무런 존경도 받지 못한다면 그것은 더욱 웃기는 일입니다. 대체 그 사람의 실력이 어떻고 또 평소에 처신을 어떻게 했기에 그 모양이겠습니까?

일단 제 경우를 예로 들어서 말씀드리면, 저를 영접하는 사람은 저를 영접하는 것이 아니라 마치 예수님을 영접하는 듯한 착각이 들게 해야 성경에서 얘기한 "나의 보낸 자를 영접하는 자는 나를 영접하는 것이요 나를 영접하는 자는 나를 보내신 이를 영접하는 것이니라" 하는 말씀이 설득력을 갖게 됩니다. 저는 그 정도로 저의 수준을 확보하고 있어야 할 책임이 있습니다.

그러면 교역자만 그렇고 일반 교인들에게는 아무런 책임도 없겠습니까? 교역자들이 믿는 예수님이나 교인들이 믿는 예수님이나 결국 같은 분입니다. 교역자와 교인들 간의 역할은 구분되어야 합니다만, 천국 백성이라는 성도 된 책임은 동일합니다. 그러니 교인들도 마찬가지입니다. 자기를 영접한 사람은 마치 예수님을 영접하는 듯한 착각이 들도록 자기의 수준을 확보하고 있어야 합니다.

"내가 주와 또는 선생이 되어 너희 발을 씻겼으니 너희도 서로 발을 씻기는 것이 옳으니라"(요 13:14)

예수님께서 제자들의 발을 씻겨 주신 후에 너희도 서로 발을 씻겨 주라고 하셨습니다. 우리가 남의 발을 씻겨 주기 위해서는 먼저 그들이 우리에게 발을 내밀 수 있게 해야 합니다. 우리의 발을 보고서 자기의 발이 더럽다는 사실을 깨달을 수 있게 해야 합니다. 그렇지 않으면 "내 발을 씻어 주겠다고 설치지 말고 네 발이나 먼저 씻어라." 하는 핀잔을 듣기 십상입니다.

적어도 우리는 다른 사람들을 정죄하기 이전에 그들이 우리의 모습을 통해서 그 어떤 자극이나 찔림을 받을 수 있는 사람이 되어야 합니다. 그저 만만한 사람 붙잡고 "난 그래도 저 사람보다 낫다."는 상대적인 우월감으로 자기의 신앙을 때우는 것이 아니라 우리로 인하여 한 사람이라도 더 우리가 가는 길에 동참할 수 있게 해야 합니다.

우리는 당연히 죄에서 구원을 얻어야 하는데, 이 세상이 굴러가는 원리 자체가 죄입니다. 따라서 우리는 이 세상의 가치관에서도 구원을 얻어야 합니다. 바꾸어 말하면 이 세상의 가치관과는 다른 가치관을 가져야 합니다. 이것은 자기 삶의 목표를 행복에 둘 것이냐 거룩에 둘 것이냐 하는 문제입니다.

미국에 프란시스 쉐퍼라는 신학자가 있었습니다. 미국의 신학생들을 대상으로 신앙사경회를 인도하기로 되어 있었는데 마침 병 중이었습니다. 주변에서 전부 다 그가 강사로 나서는 것을 말렸습니다. "목사님, 이번 강의를 강행하시면 그것이 목사님의 마지막 강단이 될 것입니다. 먼저 건강을 회복하셔야 합니다." 하지만 아무리 말려도 고집을 꺾지 않았습니다. 강당을 가득 채운 신학생들에게 강의를 하면서, 그는 이런 질문을 던졌습니다.

"여러분, 여러분의 삶의 목적은 무엇입니까?"

아리스토텔레스의 주장에 따르면 인간의 삶의 목적은 행복입니다. 사람들은 모두 자기 자신의 행복을 위해서 살아갑니다. 행복을 위해서 결혼을 하고, 행복을 위해서 애를 낳습니다. 행복을 위해서 집을 구입하고, 심지어는 지금보다 더 행복해지기 위해서 이혼을 하기도 합니다. 이것이 세상 사람들의 가치관입니다.

프란시스 쉐퍼 목사가 바로 이 부분을 지적한 것입니다.

"만일 여러분도 행복을 위해서 살아간다면 여러분은 불신자와 다를 바가 없는 사람입니다. 비록 불신자들은 행복을 위해서 살아가지만 우리만은 거룩을 위해서 살아가야 합니다."

이것은 상당히 날카로운 지적입니다. 우리가 살아가면서 진정 추구해야 할 가치가 행복인지, 거룩인지에 대해서 우리는 분명히 선을 긋고 있어야 합니다.

많은 사람들이 행복을 얻기 위한 수단으로 예수를 믿는 것이 작금의 현실입니다. 신앙마저도 자기 자신의 행복을 위한 하위 개념으로 동원되는 것은 심히 유감스러운 일입니다.

사람들은 어떤 것이 자기에게 진정 유익한 것인지를 잘 모릅니다. 마치 철없는 아이들이 부모가 시키는 것은 안하고 고집을 부리는 것과 똑같습니다. 자기 고집대로 안하고 부모가 시키는 대로 얌전히 따라 하는 것이 자기에게도 유익이라는 사실을 아는 데는 한참 걸립니다. "행복"과 "거룩"도 마찬가지입니다. 우리가 행복이 아닌 거룩을 추구해야 하는 이유는 그렇게 하는 것이 하나님께 유익이 아니라 우리에게 유익이 되기 때문입니다. 하나님을 위해서 그렇게 하는 것이 아닙니다.

흔히 "하나님의 영광을 위한다"는 말을 하는데 이 표현은 상당히 조심스러운 표현입니다. 물론 우리는 하나님의 영광을 위해서 살아야 합니다. 살든지 죽든지 우리 안에서 그리스도가 존귀히 되는 것만을 소원해야 합니다. 하지만 하나님을 사랑하는 마음으로 자기가 마땅히 행사할 수 있는 권리나 이익을 포기하면 하나님께서 자기의 그 희생을 발판으로 삼아서 영광을 받으시는 것으로 착각하는 것은 곤란합니다. 매일 놀기만 하는 아이에게 부모가 공부하라고 닥달하면, 마땅히 놀 수 있는 자기의 권리를 포기하고 마치 부모를 위해서 공부를 해드리는 것인양 생색내는 철부지들과 흡사합니다.

사람은 본성상 죄인이기 때문에 가치 기준 자체가 죄로 오염되어 있습니다. 그래서 자기의 행복을 위해서 자기가 무엇을 해야 하는지에 대한 판단도 틀리기 마련입니다. 하나님께서는 이 사실을 아시기 때문에 우리의 인생을 우리에게 맡기지 않으시고 우리에게 거룩을 요구하십니다. 행복을 위해서 사는 것보다 거룩을 위해서 사는 것이 진정한 복입니다. 모든 부모의 간절한 소원은 자식이 잘 되는 것이듯, 하나님의 간절한 소원도 우리가 잘 되는 것입니다.

대학 다닐 때 느낀 것 중에 하나가 당구장에 가면 당구를 잘 치는 애들이 목소리가 크다는 사실입니다. 평소에 수업을 땡땡이 친 횟수가 많을수록 폼을 더 잡습니다. 보통 때는 열심히 공부하느라고 도서관에 박혀 지내다가 모처럼 기분 전환할 겸 당구장을 찾은 애들이 오히려 병신같습니다. 하지만 당구를 잘 치는 것과 공부를 잘 하는 것 중에서 어느 것이 더 가치 있는 일인지는 쉽게 알 수 있습니다. 남들로부터 감탄사를 받을 만한 당구 실력을 갖추기까지의 과정을 생각해 보면 그것은 부러워할 일이 아니라 오히려 불쌍하게 생각해야 할 일입니다. 그런데도 그 사실을 모르고 "어머니가 매일 공부하라고 하는 바람에 오늘 당구장에서 망신당했다."고 어머니에게 불평한다면 그것은 참으로 실소를 금치 못할 일입니다.

마찬가지입니다. 우리가 이 세상을 살면서 진정한 자기의 유익을 위해서 무엇을 추구해야 하는지에 대한 바른 인식이 있어야 합니다. 자랑해야 할 것과 부끄러워 해야 할 것을 구별할 수 있어야 합니다.

어거스틴의 참회록에 보면 이런 내용이 있습니다. "…그러나 나는 뻔뻔스럽게 자기들의 추행을 자랑할 뿐 아니라 그런 짓을 더 많이 하면 할수록 더 자랑하는 동년배들보다 내가 덜 뻔뻔스러움을 부끄럽게 생각하였습니다. 더 나빴던 것은 내가 그 추행을 행하는 것은 쾌감을 얻기 위해서 뿐 아니라 친구들로부터 찬사를 받기 위함이었다는 것입니다. 그리하여 나는 친구들로부터 흉잡히지 않고 찬사를 받으려고 하다가 더 못된 짓을 행하게 되었습니다. 그리고 그들 중에서 가장 타락한 자들이 한 짓을 내가 하지 않은 것 같았을 때에는 내가 하지 않은 것까지도 했다고 말하였습니다. 이렇게 함으로써 나는 그들 속에서 순진하고 정결하다는 이유로 무시를 당하지 않고 존경을 받았습니다."

친구들이 자신들의 악한 행위를 자랑스레 늘어놓았을 때 어거스틴은 자기가 그들보다 더 파렴치하지 못했다는 사실이 부끄러웠고, 혹시 좋은 사람으로 보여 비난받을까 봐 일부러 실제보다 더 나쁜 사람으로 보이도록 하기 위해서 애를 썼다는 얘기입니다.

이 얘기와 유사한 경우는 지금도 얼마든지 있습니다. 대표적인 것이 남자들의 주량 자랑입니다. 술이 세면 셀수록 그것이 더 남자다운 것인

줄 알고 자기가 얼마 만큼 술이 센 사람인지를 과시하기를 좋아합니다. 실제로는 소주 두 잔 마셨으면서도 두 병 마셨다고 하고, 맥주 한 병을 마시고는 양주 한 병 마셨다고 합니다. 심지어는 자신의 난잡한 이성 관계를 자랑하는 남자도 있습니다. 설령 있다고 해도 감춰야 할 부끄러운 내용을 오히려 과장해서 자랑하는 속셈은 도저히 이해가 되지 않습니다.

세상 사람들은 교통 법규를 위반한 것조차도 자랑거리로 삼습니다. 약속 장소까지 오면서 신호를 얼마 만큼 잘 지켰는지는 전혀 애깃거리가 안됩니다. 단속 경관에게 적발되었음에도 불구하고 어떻게 교묘하게 경찰의 말꼬리를 잡고 늘어져서 결국 딱지를 안 떼었는지가 자랑거리입니다. 우리가 살아가는 이 세상은 그만큼 가치가 전도된 세상입니다. 그리고 이런 세상에서 우리는 시험에 들지 말아야 하고 악에서도 구원 받아야 합니다.

사람들은 흔히 시험 자체가 없어지기를 바랍니다. 그래서 어떤 종교에서는 시험 자체를 없애려고 고행을 하기도 하는데 그런 방법으로 시험이 없어지지는 않습니다. 우리에게 호흡이 있는 이상 시험은 있는 것이 정상입니다.

병원에 입원한 환자들에게는 식욕이 없는데 그것은 고급한 수준이 아니라 오히려 병리적인 현상입니다. 식욕을 갖고 있는 채로 자기가 그것을 컨트롤 해야 건강한 것입니다.

예수와 석가의 가장 큰 차이는 헤어스타일이라는 애기를 들은 적이 있습니다. 그림이나 사진에서 석가의 얼굴을 본 적이 있는 사람은 머리 모양이 좀 이상하다는 생각을 했을 것입니다. 중들은 전부 다 머리를 밀었는데 석가는 그렇지 않습니다. 저는 처음에 석가가 곱슬머리인 줄 알았습니다. 그러나 석가는 본래 인도 사람이고, 그렇게 심한 곱슬은 아프리카라면 모를까 인도에는 없습니다. 나중에 알았는데 곱슬머리가 아니고 그것이 전부 다 달팽이라는 것입니다. 석가가 진짜로 머리에 달팽이를 붙이고 다닌 것이 아니라 아무리 마음을 가라앉히려고 명상을 해도 머리에서는 온갖 상념이 떠나지를 않는다는 표현이라고 합니다.

우리에게 호흡이 있는 한 시험은 우리 주변에 늘 있게 마련입니다. 집이나 시장에만 있는 것이 아니라 교회에도 있고 기도원에도 있습니다.

그런데 대부분의 경우 이 시험은 사람에 따라서 오는 통로가 정해져 있습니다. 고정된 것은 아니지만 자주 오는 경로가 있습니다. 세신하게 주의를 기울이면 자기가 주로 어떤 실수를 범하는지 스스로 느낄 수 있을 것입니다. 성격이 급하다거나, 욱하는 기질이 있다거나, 걸핏하면 삐치는 것이 대표적인 예입니다.

물론 사람과 사람이 부대끼면서 살아가다 보면 서운한 감정을 느낄 수 있습니다. 삐칠 수도 있습니다. 그런데 문제는 삐치기만 하고 다른 것은 다 정상적이냐 하면 그렇지 않다는 것입니다. 삐쳤다는 사실을 핑계삼아 자기의 신앙 책임을 내팽개칩니다. 어떤 사람은 사고를 쳐놓고서 자기의 급한 성격을 이유로 내세우기도 합니다. 물론 성격은 급할 수도 있고 느릴 수도 있습니다. 급하거나 느린 것 자체는 잘못이 아닙니다. 하지만 성격이 급하다는 이유로 걸핏하면 혈기를 부리거나 성격이 느리다는 이유로 주의 일에 게으르다면 그것은 잘못입니다.

사람들은 자기 자신에 대해서는 다 너그럽습니다. 그래서 혈기를 부리고서도 태연하게 "원래 성격이 그런 것을 어떻게 하느냐?"고 반문합니다. 그것도 성격이 못되어서 그렇다고 안하고 성격이 급해서 그렇다고 합니다. 자기 책임을 전혀 인정하지 않습니다. "급한 성격"의 주인이 바로 자기 자신이기 때문에 그것을 다스려야 할 책임도 당연히 자기에게 있다는 사실을 모르는 것 같습니다.

흔히 들을 수 있는 말 중에 "사람 얌전하다고 만만히 보지마. 나도 성질 있어!" 하는 말이 있습니다. 한 마디로 말도 안 되는 얘기입니다. 마치 성질이 있는 것을 자랑인양 얘기하는데, 이것은 결코 자랑일 수 없습니다. 여기서 말하는 성질이 성령으로 거듭난 성품이면 그렇게 얘기할 수 있습니다. 예수를 믿기 전에는 그런 성품이 없었는데 예수를 믿고 나서 하나님의 은혜로 그런 성품을 소유하게 되었으면 그것은 당연히 길이 보전해야 합니다. 하지만 그게 아니라 예수를 믿고 있음에도 불구하고 아직 청산하지 못한 구습을 말하는 것이라면 그 성질은 빨리 버려야 합니다. 자기에게 성질이 있다는 사실을 남에게 과시할 것이 아니라 얼른 숨겨야 합니다. 사람들의 논리가 죄에 오염되어 있다 보니 부끄러운 것과 자랑할 것을 제대로 분간하지 못하는 단적인 예입니다.

그러면 나에게 있어서는 무엇이 문제인지 각자 확인해 보시기 바랍니다. 고집이 문제일 수도 있고, 자존심이 문제일 수도 있습니다. 혈기가 문제일 수도 있고, 걸핏하면 토라지는 것이 문제일 수도 있습니다. 시험에 이겨야 한다고 하면 너무 거창한 것 같습니다만 이렇게 자기 주변에서부터 하나씩 점검하고, 거기에 넘어지지 않는 것부터 연습해야 합니다. 물론 쉽지 않습니다. 한꺼번에 되지도 않습니다. 그래도 꾸준히 계속 해야 합니다.

그런데 여기에는 아주 심각한 문제가 있습니다. 시험에 이기는 것은 힘들고 지는 것이 오히려 재미있다는 사실입니다. 성경에 나오는 대표적인 시험 중의 하나가 요셉이 보디발 부인에게 받은 시험일 것입니다. 이때 요셉이 시험에 이기는 것이 재미있었겠습니까, 지는 것이 재미있었겠습니까? 시험에 넘어가기로 작정하면 힘들 일이 없습니다. 이때 요셉이 시험에 넘어갔으면 주인 마님의 귀여움을 받으면서 좋은 음식 먹고 좋은 옷 입고 마냥 즐겁게 살았을 것입니다. 그런데 시험에 이기려니 주인 마님의 미움도 받아야 하고 옥에도 들어가야 했던 것입니다.

"믿음으로 모세는 장성하여 바로의 공주의 아들이라 칭함을 거절하고 도리어 하나님의 백성과 함께 고난받기를 잠시 죄악의 낙을 누리는 것보다 더 좋아하고 그리스도를 위하여 받는 능욕을 애굽의 모든 보화보다 더 큰 재물로 여겼으니 이는 상 주심을 바라봄이라"(히 11:24~26)

여기에 보면 "죄악의 낙"이라는 표현이 나옵니다. 죄에는 즐거움이 따릅니다. 우리가 죄에 노출되기 쉬운 이유가 여기에 있습니다. 죄를 지으면 즐겁고, 이기는 것은 힘이 듭니다. 죄를 지을수록 괴롭고 죄에 이길수록 즐거우면 얼마나 좋겠습니까만 실상은 그 반대입니다.

닭에게 모이를 주는 모습을 보신 적이 있습니까? 저는 시골에서 자랐기 때문에 어렸을 때 자주 보았습니다. 닭을 치는 사람이 닭에게 모이를 주는 이유가 무엇이겠습니까? 어서 많이 먹고 훌륭하게 자라라는 뜻으로 모이를 주는 것이 아닙니다. 모이를 먹여서 포동포동 살을 찌운 다음에 잡아먹기 위한 것입니다. 모이를 쪼는 닭은 아무것도 모르고 열심히 모이만 쫓아다니고 있겠지만 모이를 주는 사람은 어쩌면 입가에 흐뭇한 미소를 머금고 있을는지도 모르겠습니다. 우리가 죄를 짓는 것이 그렇습니다. 죄에 둔감한 사람들은 죄를 지으면 지을수록 그것이 즐겁습니다. 그리고 그 즐거움이 쌓이고 쌓이면 돼지가 도축장으로 끌려가는 것처럼 결국 제 갈길로 갈 것입니다.

우리는 언제나 시험에 넘어간 다음에야 시험인 줄을 압니다. 사전에 시험인 것을 알아도 100% 이긴다는 보장은 없습니다. 우리는 그만큼 죄에 대해서 무력합니다. 미리 알아도 이 지경인데 시험이 자기 앞에 있을 때는 그것이 시험인 줄도 모릅니다. 아담과 하와가 대표적인 예입니다. 선악과를 따먹기 전에는 자기들이 지금 시험을 받고 있다는 생각을 전혀 못했습니다. 따먹고 난 다음에야 "아차!" 했을 것입니다.

이런 시험에 이기는 것은 저절로 되지 않습니다. 언제나 깨어 있어야 합니다. "남들도 다 한다.", "이번 한 번 만이다.", "아무도 모른다." 등등의 핑계로 죄와 타협할 것이 아니라 하나님을 기준으로 자신을 점검해야 합니다. 하나님이 과연 뭐라고 하실까 하는 생각을 가지고 철저하게 악과 싸워야 합니다.

깡패 조직에 몸담고 있던 사람이 개과천선하여 거기서 손을 씻으려면 어떻게 해야 하겠습니까? 깡패 생활을 청산하기로 마음먹은 자기의 계획을 조직에 공개하면 "비록 우리는 이렇게 살지만 너만은 훌륭한 사람이 되라."고 전부 다 격려해 주겠습니까? 성대한 송별식과 함께 노자까지 두둑이 받아 나오는 일은 꿈도 꾸지 말아야 합니다. 가혹한 보복은 물론이고 어쩌면 손가락 하나 정도는 잘라주고 와야 할지도 모릅니다.

우리가 그만큼 죄에 얽매여 있습니다. 한 쪽 팔이라도 기꺼이 잘라주려는 각오가 없으면 거기서 빠져 나올 수 없습니다.

혹시 담배를 끊지 못해서 고민하는 사람을 본 적 없습니까? 담배를 끊는 것은 보통 인내를 요구하는 일이 아닙니다. 적어도 담배를 피우려는 욕구보다 끊으려는 결단이 강해야 끊을 수 있습니다. 우리는 자신의 신앙을 위해서 적어도 그것보다 훨씬 더 힘든 싸움을 해야 합니다. 경우에 따라서는 한 쪽 눈을 뽑아 내고 한 쪽 팔을 찍어내면서라도 가야만 하는 길이 시험을 이기는 길이고 악에서 나오는 길입니다. 깡패 생활을 청산하거나 담배를 끊는 것보다 훨씬 더 모진 각오로 기를 쓰고 해내야 합니다.

대개 나라와 권세와 영광이
아버지께 영원히 있사옵나이다 아멘

지방에서 서울로 와서 공부를 하고 있는 학생이 집에다 편지를 쓰면 어떻게 끝을 맺어야 어울리겠습니까? "어머니, 그러면 필요한 돈 10만 원을 빨리 송금해 주십시오." 하는 말로 편지를 마무리하는 법은 없습니다. 설령 편지를 쓴 속셈이 돈 때문이었다고 해도 마지막 인사는 점잖게 해야 합니다. "그럼 가내 두루 평안하시고 늘 강건하시기를 바라면서 불초 소자가 안부 전합니다." 하고 편지를 마치는 것이 상식입니다.

주기도문도 그렇습니다. 앞부분에는 하나님에 대한 내용이 있었고 뒷부분에는 우리에 대한 내용이 있었습니다. 그리고 지금 본문 "대개 나라와 권세와 영광이 아버지께 영원히 있사옵나이다"는 결어에 해당합니다. "하늘에 계신 우리 아버지여…" 하고 시작한 기도가 또 아버지를 찾는 것으로 마무리되고 있습니다. 기도의 모든 관심이 하나님께 집중되어 있다는 뜻입니다.

맨앞에 "대개"라는 말이 있는데, 이 말이 무슨 뜻입니까? "대개" 그러면 우리는 "대강"이나 "대충"처럼 막연함을 나타내는 말로 오해할 수 있습니다만, 여기서 말하는 대개는 그런 뜻이 아니고 "왜냐하면"이라는 뜻입니다. 결국 이 내용을 앞부분과 연결하면 "하나님 아버지, 제가 이런저런 기도를 드립니다. 왜냐하면 나라와 권세와 영광이 우리 아버지께 있기 때문입니다" 하는 뜻이 됩니다. 우리는 나라와 권세와 영광이 아버지께 있다는 사실을 알고 있으므로 이런 기도를 드립니다. 또 이런 기도를 드림으로 해서 나라와 권세와 영광이 아버지께 있음을 고백합니다. 우리 하나님으로만 모든 것이 가능합니다.

여태까지 공부한 주기도문의 모든 구절을 절실한 마음으로 기도 드린 사람이라면 그 기도를 마치면서 나라와 권세와 영광이 아버지께 있음을 고백하는 것은 지극히 당연한 일입니다. 그런 기도를 드린 사람이라면 이 마지막 내용이 자연스런 신앙 고백으로 나올 것입니다. 이런 사실을 고백하는 우리는 장차 구원의 주님을 만나게 될 것이고 반면에 불신자들은 심판의 주님을 만나게 될 것입니다.

우선 나라가 우리 하나님께 있습니다. 우리 하나님만이 이 세상의 주인이시고 하나님만이 홀로 이 세상의 왕이십니다. 또 권세가 하나님께 있습니다. 어떤 일을 이룰 능력도 오직 하나님께 있습니다. 영광이 하나님께 있습니다. 어떤 일을 이룬 결과도 하나님께 있습니다. 이 모든 것이 하나님께만 있습니다. 이 모든 것이 하나님께 있다는 얘기는 이 세상에는 이런 것이 없다는 뜻입니다. 우리에게도 물론 없습니다. 이 세상에는 이런 것이 없기 때문에 우리는 이것을 세상에서 구하는 것이 아니라 하나님께 구합니다. 아버지께 달라고 합니다.

산에 가야 범을 잡습니다. 산에 가지도 않으면서 범을 잡겠다고 하는 것은 공연한 허장성세입니다. 말로는 범을 잡겠다고 하고 있지만 사실은 범을 잡을 마음이 없는 것입니다.

돈이 인생을 행복하게 해주지 않습니다. 돈이 많다고 해서 행복하지도 않고 돈이 없다고 해서 불행하지도 않습니다. 그런데 사람들은 한사코 "돈! 돈! 돈!" 하며 살아갑니다. 그러면서 누가 행복하냐고 물으면 행복하지 않다고 대답합니다. 돈이 사람을 행복하게 해주는 것이 아니라고 말은 하면서도 한사코 돈을 추구하면서 살아가는 이상 그 인생에 행복이 있을 수 없습니다. 행복하게 살고 싶으면 당연히 자신을 행복하게 해줄 수 있는 것에 관심을 가져야 합니다.

결국 우리는 나라와 권세와 영광이 이 세상에 있는 것이 아니라 우리 아버지께만 있음을 알아서 아버지께 그것을 구하기로 작정한 사람들입니다.

그리고 이 모든 기도를 드리고 난 다음에 "아멘"으로 끝을 맺습니다. 아멘은 마치 서명 날인과 같은 것입니다. 자기 입으로 "아멘" 했으면 자기가 일단 그 기도에 책임을 져야 합니다.

"아멘"은 본래 히브리어인데, 헬라어에서도 그 음을 그대로 빌려서 "아멘"이라고 합니다. "진실로 그렇게 되기를 바랍니다.", "나도 그렇게 생각합니다."라는 뜻으로, 하나님을 향한 헌신과 충성에 대한 다짐이 아멘으로 나오는 것입니다. 아멘은 아무 때나 남발하는 것이 아니라 귀중한 문서를 작성하고 나서 신중하게 읽어 본 다음에 인감도장을 날

인하는 마음으로 말해야 합니다.

제 인감도장은 상아로 된 고급 도장입니다. 아버지께서 주셨는데 유감스럽게도 쓸 일이 거의 없어서 제 책에다 도장을 찍을 때 주로 쓰고 있습니다. 우리가 쓰는 대부분의 도장에는 정면이 어디인지 표시가 되어 있는데 그 도장에는 그런 표시가 없습니다. 그래서 도장을 찍을 때마다 어떻게 찍어야 바로 찍는 것인지를 주의 깊게 살피고 찍어야 하는데, 그것도 다 이유가 있는 것이라고 합니다. 함부로 도장을 찍지 말고 마지막 순간까지 과연 이 도장을 찍어도 되는 것인지를 확인하는 시간을 가지게 하느라고 일부러 정면 표시가 없다는 것이었습니다. 도장을 찍는 것은 그만큼 신중해야 합니다. 하물며 우리가 아멘을 말하는 것은 더욱더 신중해야 합니다.

그런데 교회에서는 "하나님께서는 우리가 서로 사랑하면서 살기를 원하십니다." 하는 말에는 아멘을 말하지 않다가, "이번 수능에서 우리 교회 수험생들은 전부 다 합격할 줄 믿습니다!" 하면 힘차게 아멘을 말합니다. 물론 간절한 마음이 담겨 있어서 아멘을 말하는 것이겠습니다만 아멘을 크게 말했다고 해서 실력 없는 애가 대학에 들어가는 일은 일어나지 않습니다. 그것은 하나님 뜻과 무관한 자기 혼자만의 욕심입니다.

복음서는 공관복음과 별복음으로 나뉩니다. 마태, 마가, 누가복음이 공관복음이고 요한복음이 별복음입니다. 아닌게 아니라 요한복음에는 다른 복음서들과는 구분되는 몇 가지 특징이 있습니다. 신학적인 문제는 아닙니다만 요한복음에는 예수님 말씀이 언제나 "진실로 진실로…"

라는 진실로가 두 번씩 반복되어 나옵니다.

"진실로 진실로 내게 이르노니 사람이 물과 성령으로 나지 아니하면 하나님 나라에 들어갈 수 없느니라" (요 3:5)

이 말씀을 하시는 우리 주님의 심정을 상상해 보십시다. 주님께서는 단지 객관적인 정보를 전달하는 마음으로 이 말씀을 하신 것이 아니라 우리 모두가 성령으로 거듭나서 하나님 나라를 볼 수 있게 되기를 간절히 바라는 마음으로 이 말씀을 하셨을 것입니다.

부모가 자녀에게 어떤 것을 특별히 강조해서 말한다면 그것이 무슨 뜻입니까? "너, 진짜야. 이것만은 꼭 명심해야 해" 하고 신신당부한다는 얘기는 그만큼 중요하다는 뜻입니다. 다른 것은 몰라도 그것만은 꼭 하라고 당부할 때 쓰는 표현입니다. 자녀의 앞날에 중요한 일일수록 그렇게 당부를 합니다.

"내가 진실로 진실로 너희에게 이르노니 내 말을 듣고 또 나 보내신 이를 믿는 자는 영생을 얻었고 심판에 이르지 아니하나니 사망에서 생명으로 옮겼느니라" (요 5:24)

이 말씀도 그렇습니다. 주님께서는 우리가 전부 다 영생 얻기를 간절히 바라는 마음으로 애타게 "진실로 진실로…"를 말씀하셨을 것입니다. 여기서 "진실로 진실로 너희에게 이르노니" 할 때의 "진실로 진실로"를 원문으로 옮기면 "아멘 아멘"입니다.

주님은 우리에게 영생을 주시기 위해서 우리 대신 죽으신 분입니다. 그러니 이 말씀을 하실 때의 주님의 마음은 이루 형언할 수 없을 만큼 간절했을 것입니다. 우리 중에 아무도 멸망에 이르지 않고 생명에 이르기를 간절히 바라는 마음으로 이 말씀을 하셨을 것입니다. 그야말로 한 음절, 한 음절에 피가 배어있는 말씀입니다.

결국 우리는 주님께서 우리를 향해서 "진실로 진실로 너희에게 이르노니" 할 때의 심정으로 아멘을 말해야 합니다.

한군데만 더 예를 들겠습니다.

"내가 진실로 진실로 너희에게 이르노니 한 알의 밀이 땅에 떨어져 죽지 아니하면 한 알 그대로 있고 죽으면 많은 열매를 맺느니라"(요 12:24)

"애들아, 명심해라. 자고로 밀은 땅에 떨어져 죽어야 한다. 그것이 그 밀에게 있어서 가장 복된 일이다." 예수님께서는 우리 모두가 한 알의 밀이 되어서 기꺼이 땅에 떨어져 죽기를 애타게 바라시면서 이 말씀을 하셨을 것입니다. 그러면 우리 입에서도 역시 그때 예수님의 애타는 심정으로 아멘이 나와야 합니다. 아무 생각 없이 건성으로 "아멘" 한다면 그것은 주님 말씀에 대한 모독입니다.

그래서 당부드리는데 앞으로 주기도문을 외울 때에는 제발 좀 천천히 외우셨으면 합니다. 마치 훈련된 앵무새처럼 "하늘에 계신 우리 아버지시여 이름이 거룩히 여김을 받으시오며 나라이 임하옵시며 뜻이 하늘에서 이룬 것같이 땅에서도 이루어지이다…" 하고 줄줄 외우지 마시고, 적어도 지금 자기 입에서 나가는 말이 무슨 뜻인지 생각하면서 기도하시기 바랍니다.

더 정확히 말씀드리면 "주기도문을 외운다"는 표현 자체에 어폐가 있습니다. 물론 우리가 주기도문을 외울 줄 아는 것은 사실입니다. 하지만 자기가 제대로 암송하고 있는지의 여부를 확인하는 것과 암송하고 있는 내용으로 기도를 하는 것은 구분되어야 합니다. 주기도문은 암송하기 위해서 있는 것이 아니라 기도하기 위해서 있는 것입니다.

가끔 교인들이 대표기도하는 것을 들어 보면 생각보다 말이 먼저 나가는 기도를 하는 분이 있습니다. 항상 기도할 때마다 나오는 레파토리가 쉼표 한 번 없이 5분, 7분 동안 쏟아져 나옵니다. 심지어는 부분 부분의 고저장단마저 동일합니다. 예배 마치고 나서 아까 무슨 내용을 기도했는지 물어보고 싶다는 생각을 한 적이 한두 번이 아닙니다. 아무래도 그분은 자기가 무슨 기도를 했는지 모를 것 같습니다.

하다못해 우리가 친구들과 수다를 떨어도 자기의 생각을 얘기하지, 미리 암송된 원고로 수다를 떨지는 않습니다. 하물며 기도를 하는 것은 더욱 그렇습니다. 하나님께 말씀을 드리는데 자기 입에서 나오는 내용이 무슨 뜻인지 모른다는 것은 심히 유감입니다. 기도는 말 그대로 기도입니다. 자기의 마음을 하나님과 교통하는 것입니다. 자기가 진심으로 소원하는 것을 아뢰는 것이고, 그 마음의 소원을 이루기 위한 각오와 헌신의 결단이 있고 난 후에 기도가 나오는 것입니다. 주기도문이 바로 그렇습니다. 제발 앞으로는 주기도문으로 하여금 주기도문이 되게 하기를 바라면서 마지막으로 정리합니다.

그러므로 너희는 이렇게 기도하라

이렇게 기도하라는 얘기는 이런 것을 마음으로부터 소원하라는 것입니다. 주기도문의 내용이 바로 자신의 간절한 소원이어야 합니다.

하늘에 계신 우리 아버지여

하나님과 우리는 부자지간입니다. 같은 편입니다. 하나님과 우리가 같은 편이 아니면 우리는 하나님 몰래 어떤 일을 도모하기도 하고 때로는 하나님을 설득하기도 해야 하겠지만 하나님과 우리가 같은 편이면 그럴 필요가 없습니다. 하나님이 하라는 것을 하고, 하지 말라는 것을 안 하면 됩니다. 그렇게 하는 것이 자기에게도 유익입니다. "내 뜻대로 마옵시고 아버지의 원대로 하옵소서" 하는 기도가 하나님과 자기가 다른 편이면 말도 안 되는 얘기입니다만 같은 편이면 전혀 어려울 것이 없습니다.

이름이 거룩히 여김을 받으시오며

하나님의 이름은 원래 거룩합니다. 우리가 어떤 것을 잘해서 더 거룩해지고 우리가 어떤 것을 제대로 못해서 덜 거룩해지는 법은 없습니다. 우리는 다만 "누구 아들이다.", "누구 딸이다." 하는 얘기가 부모에 대한 칭찬일 수도 있고 책망일 수도 있듯이 우리로 인해서 하나님의 이름이 더럽혀지지 않도록 주의하면 됩니다.

나라이 임하옵시며

하나님의 나라가 어떻게 임합니까? 우리가 하나님의 뜻에 복종하면 거기까지가 하나님의 나라입니다. 우리는 하나님의 나라가 임하기를 바라는 마음으로 하나님의 뜻에 순종해야 합니다.

뜻이 하늘에서 이룬 것같이 땅에서도 이루어지이다

하나님의 뜻이 아닌 것이 이루어지는 동안에는 하나님의 뜻이 이루어지지 않습니다. 그리고 우리 주변에 있는 하나님의 뜻과 반대되는 뜻은 일단 자기 뜻입니다. 우리는 하나님의 뜻이 이루어지기를 바라는 마음으로 자기 뜻을 포기할 수 있어야 하는데, 하나님과 자기가 같은 편이라는 인식만 있으면 이것은 얼마든지 가능합니다.

오늘날 우리에게 일용할 양식을 주옵시고

우리의 일상적인 삶이 주님과 연결되어 있습니다. 우리의 삶 자체가 주님께 귀속되어 있습니다.

특히 우리는 예수를 우리의 생명 양식으로 취한 사람입니다. 따라서 우리에게는 적어도 예수를 자기 양식으로 취한 사람으로 보일 만한 고급스런 수준이 있어야 합니다.

우리가 우리에게 죄지은 자를 사하여 준 것같이 우리의 죄를 사하여 주옵시고

우리가 하나님께 죄를 사함 받았으면 죄를 사함 받은 모습이 우리에게 있어야 하는데 그것이 바로 남을 용서하는 것입니다. 다른 사람의 죄를 사해 주는 것은 자기가 다른 사람에게 아량을 베푸는 것이 아니라 용서하라고 말씀하신 하나님의 명령에 순종하는 것입니다. 이렇게 하는 것이 진정 성경적인 의미의 용서입니다. 용서는 아량으로 하는 것이 아니라 우리에게 책임으로 주어진 과제이기 때문에 용서에 능할수록 신앙 수준이 좋은 것이고 남을 용서하기에 인색할수록 신앙 수준이 저열한 것입니다.

우리를 시험에 들게 하지 마옵시고 다만 악에서 구하옵소서

우리 주변에는 언제나 우리를 넘어뜨리려는 시험이 있습니다. 하지만 시험이 있다는 사실이 그 시험에 넘어져도 되는 이유가 될 수는 없습니다. 선악과를 따먹으라는 소리가 들린 것이 잘못이 아니라 따먹은 것이 잘못이듯이, 우리는 언제나 시험을 이겨야 합니다.

대개 나라와 권세와 영광이 아버지께 영원히 있사옵나이다 아멘

이 모든 내용을 통해서 나라와 권세와 영광이 오직 하나님께 있음을 다시 한 번 고백하고, 자기가 기도한 내용이 이루어지기를 바라는 간절한 마음으로 "아멘"을 말합니다.

이제 주기도문을 한 문장 한 문장, 한 단어 한 단어의 뜻을 음미하면서 천천히 기도하는 것으로 모든 것을 마치겠습니다.

하늘에 계신 우리 아버지여
이름이 거룩히 여김을 받으시오며
나라이 임하옵시며
뜻이 하늘에서 이룬 것같이 땅에서도 이루어지이다
오늘날 우리에게 일용할 양식을 주옵시고
우리가 우리에게 죄지은 자를 사하여 준 것같이
우리 죄를 사하여 주옵시고
우리를 시험에 들게 하지 마옵시고 다만 악에서 구하옵소서
대개 나라와 권세와 영광이 아버지께 영원히 있사옵나이다
아멘